人口減少ドリル 基礎編

次の空欄（□）にふさわしいものをⒶ～Ⓒから選んでください。

Q1

2021年「ベビーショック」到来！
それは、政府の想定より18年
出生数が□万人ほどになる

Ⓐ 75

➡26ページ

Q2

現在、主な消費世代の
□人に1人が高齢者

➡55ページ

Q3

2021年のダイヤ改正で、
終電時刻が□分
繰り上がった路線も

Ⓒ 137 Ⓑ 8

➡159ページ

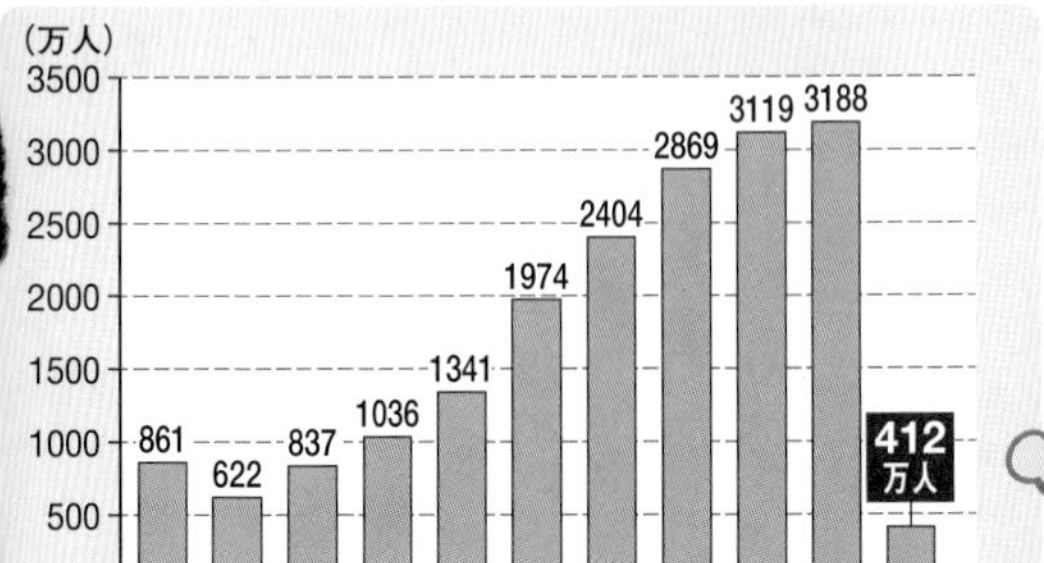

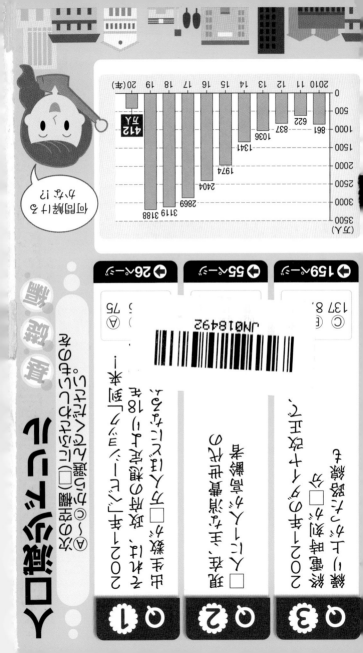

日本の弱点である「社会の老化」を、この本でより深く学ぼう！

次の文章内の誤字を正してください。

Q12

日本の労働生産性は、OACD加盟国37ヵ国中26位

➡132ページ

Q13

2020年、573件もの介護時業所が消えた

➡60ページ

Q14

2030年、AIが進展しても64万人もの終業者不足に

➡99ページ

Q15

次のグラフから読み取れる、「高齢者向けの施策が優先される政治」のことを何という？

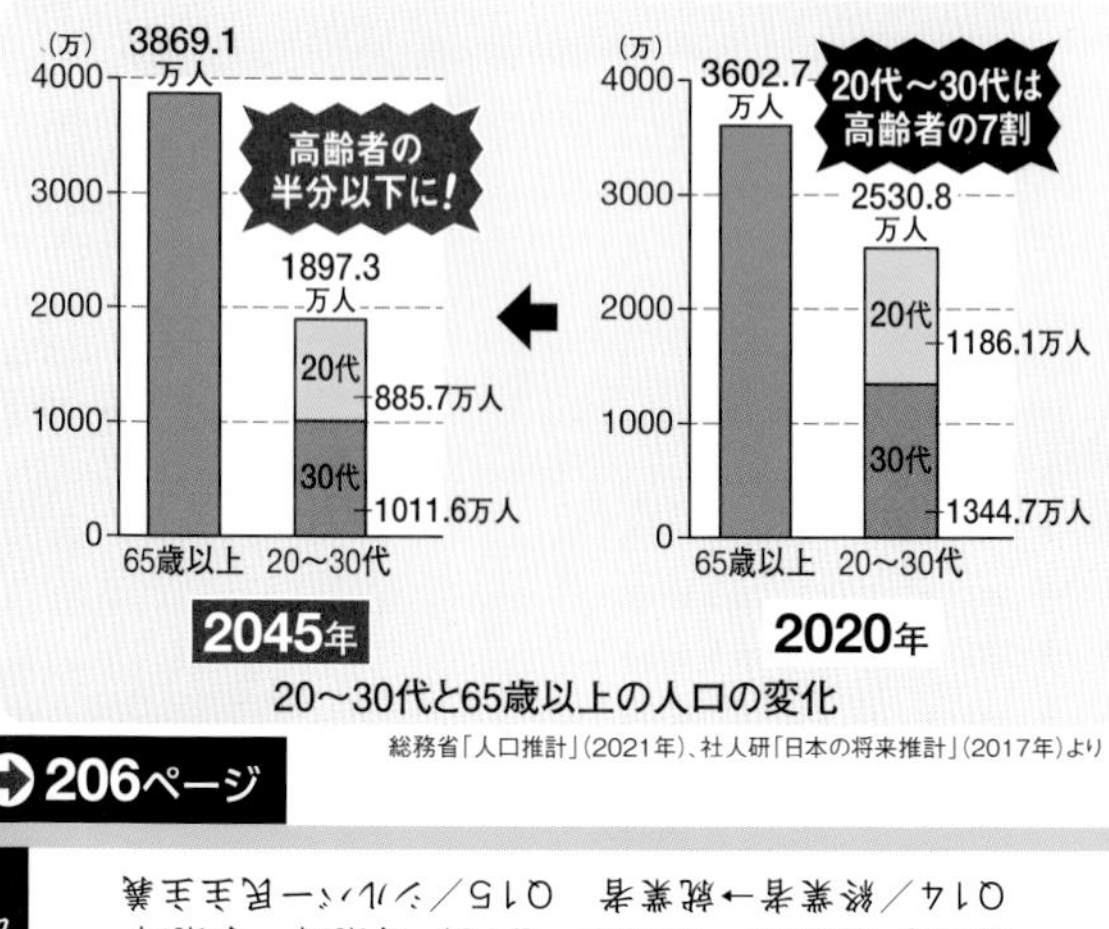

20～30代と65歳以上の人口の変化

総務省「人口推計」(2021年)、社人研「日本の将来推計」(2017年)より

➡206ページ

解答

Q1／A　Q2／A　Q3／C　Q4／A　Q5／B
Q6／C　Q7／B　Q8／a増加　b横ばい　c減少
Q9／懸念　Q10／妖精、揶揄　Q11／薄利多売
Q12／OACD→OECD　Q13／時業所→事業所
Q14／終業者→就業者　Q15／シルバー民主主義

未来のドリル
コロナが見せた日本の弱点

河合雅司

講談社現代新書

2621

はじめに

日本の弱点を突かれた

新型コロナウイルス感染症のパンデミック（世界的な大流行）によって社会が大きく変貌したことは、誰もが知る「常識」である。だが、コロナ禍で見えた本質的な課題を分かっている日本人は、いったいどれくらいいるだろうか？

感染拡大に伴って、マスクやアルコール消毒、ソーシャルディスタンス（社会的距離）などが、すっかりニューノーマル（新常態）となった。テレワークが普及して在宅勤務も珍しくなくなった。外国人の姿はめっきり減り、オフィスの縮小や飲食店の廃業など、中心市街地はその姿をどんどん変えた。

世の中は大騒ぎしているが、こうした〝小さな変化〟の多くは一過性で終わるだろう。感染が収束し、マスクなしで気兼ねなく外出できる日常が戻ったら、元通りとなる。

そもそも、**コロナ禍をきっかけに目の前に現れた変化のほとんどは、新たに起きたことではない。「コロナ前」から日本の弱点であった。コロナ禍はそこを突き、「積年の宿題」をあぶり出した**のである。**それを放置すれば日本が行き着く「由々しき近未来」を予告編のように見せ、一気に時間を進めた**と理解すべきなのである。

コロナ禍が残した最大の爪痕は、少子高齢化とそれに伴う人口減少の悪化であった。いわずと知れた、わが国一番の国難だ。コロナ禍がこれに与えた影響は、〝一過性の変化〟とはいかない。深刻さの度合いが違い過ぎる。

それはまず、**婚姻件数の激減**という形で始まった。厚生労働省の人口動態統計月報（概数）で2020年1～11月を見ると、前年同期間比で12・3％減った。婚姻件数の落ち込みは、出生数の減少に直結する。すなわち人口減少だ。出生数減少の流れは2021年に入っても続いている。人口動態統計速報で1～3月を「コロナ前」であった2020年の1～3月と比べてみると、驚くことに9・2％下落したのだ。

こんなペースが続いていけば、2021年の年間出生数の大暴落に続き、2022年は、少子化が従来の想定より四半世紀も前倒しされる可能性が出てくる。そんなことが現実になったら、日本社会は取り返しのつかないダメージを被ることになる。

日本社会の深層にある「老化」

もう1つ、コロナ禍があぶり出した人口減少の難題がある。

コロナ禍においては、「ワクチン敗戦国」と言われるほど日本政府の対処能力の低さが露呈した。ワクチン以外でもデジタル化の遅れ、世界一の病床数を誇りながらの医療崩

年間出生数の急降下は止まらない

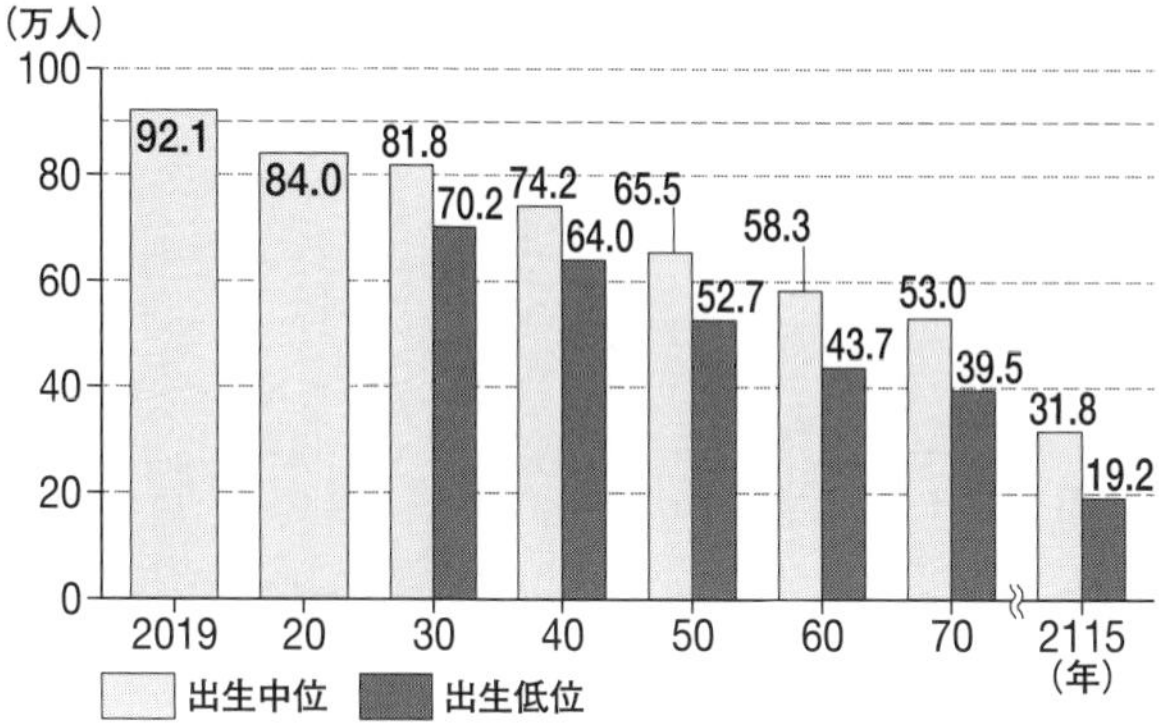

日本の年間出生数の推移と予測

国立社会保障・人口問題研究所「日本の将来推計人口」(2017年)より。
2019年は実績値、2020年は予測値。
2030年以降は出生中位推計と低位推計のグラフを並べた。

壊、ザルのような水際対策、いつまでも拡充されないPCR検査など枚挙にいとまがない。〝国家としての衰え〟を感じた人も多かったことだろう。

「国民はみずからの程度に応じた政治しかもちえない」（松下幸之助）とも言うように、政府の失態は日本社会の姿を映し出しているわけだが、もう１つの難題とは、なぜ日本がここまで落ちぶれてしまったのか、その理由にある。

日本社会の深層にある「老化」だ。

「社会の老化」と呼ぼう。それは、少子高齢化の行きつく先である。質《たち》の悪い「国家の病巣」とも言うべきものだ。すべての年代の人々の思考を守勢に追い込み、〝無難な道〟を選ばせて

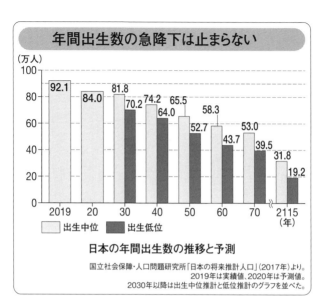

いく。挑戦する気力を吸い取ってしまう〝邪気〟だ。

出生数の減少が直接的に日本社会を破滅へ導くとすれば、「社会の老化」は真綿で首を締めるように、内側から崩壊させる。国民の目に見えづらいぶん、「社会の老化」のほうが厄介で、影響の及ぶ範囲が広い。

「社会の老化」が起きるのは、国民が歳を取ったからである。と言っても、単に高齢者が増えたということではなく、あらゆる場面において平均年齢が高くなっているということだ。かつてならもっと若い世代が担っていたポジションや役割に、ベテランが就いている例は少なくないだろう。どうしても〝慣れ〟が生じ、発想が硬直化してしまうのである。

「社会の老化」は平時にはあまり意識されることはないが、コロナ禍のような社会全体に非常に大きなストレスがかかる局面で表面化しやすい。

「社会の老化」はまず**「高齢者の消失」**として現れた。消失といっても死亡者数が増えたという話ではない（むしろ、インフルエンザによる死亡数が7割減るなどして、2020年の国内死亡数は11年ぶりに減少した）。

感染を極度に恐れて自宅に閉じ籠もりがちとなった高齢者が少なくなかったのだ。自主的に通所介護サービスの利用を控える人も相次ぎ、1週間に1回程度の買い物以外は自宅で過ごしているといった極端なケースまで見られた。

一度染みついた高齢者の恐怖心は、簡単には払拭されない。新型コロナウイルス感染症が収束したとしてもウイルスそのものが消えてなくなるわけではなく、高齢者の消費マインドがどこまで戻るかは分からない。現在の高齢者数は3600万人余であり、仮に消費額が平均で1割減ったならば、マーケットが360万人分縮むようなものだ。

「こんなご時世だから……」

感染症に対する過剰と思われる反応は高齢者特有の問題ではない。「社会の老化」は、年齢にかかわらず誰もが巻き込まれていく。

私は、コロナ禍にあっての最大の流行語は、「こんなご時世だから……」であったと思う。言うまでもなく、人々のマイナス思考を端的に表したフレーズだ。

感染防止策さえ徹底すれば十分実現できた事業やイベントが、「感染拡大の懸念」や「いまどき、こんなことをやっていてよいのか」といった意見に押され、相次いで中止や延期となった。その理由の多くは、世間体を気にかけるような同調圧力であった。そこには科学的な知見に基づく合理的な判断は感じられない。実現するための可能性を模索するより、マイナス情報を集めて「やらない理由」を探すようになるのだ。

どこにも逃げ場のないコロナ禍という巨大なストレスが、社会を一気に老け込ませた。

若さを急速に失った社会は、「高齢者の命を守るため、若者は活動を自制すべきだ」といった呼びかけを正論とした。高齢者の命を奪う病気や事故はいくらでもあるのに、新型コロナウイルス感染症による死は、あってはならない〝特別なもの〟となってしまった。コロナ患者の治療が優先され、がんの手術が延期されたり、脳卒中や心筋梗塞の救急患者が制限されたりする状況までが、「こんなご時世だから仕方ない」の一言で片づけられていくのは、どう考えても理不尽だ。

世の中に活力をもたらす若者を制限する社会が健全なはずがない。個々の若者はいつまでも若いわけでなく、その年齢でしかできないこともある。大人たちが大学への通学を認めず、スポーツの全国大会も、入学式、卒業式も中止としてしまった。コロナ禍に青春時代を迎えた特定の年代の人々のチャンスを奪えば、必ず後で歪みとなって現れる。

政府や地方自治体、企業が考えるべきはむしろ、数少なくなった若者が感染を気にせず活発に活動できるような「安全な場所」を提供するための方策であった。

若者の行動を制限することが社会にとって自殺行為であることは分かっているのに、多くの人の理性を失わせるところが「社会の老化」の恐ろしさである――。

書き換わる未来を可視化する

私は何も、高齢者の健康や命を軽んじているわけではない。歳を取ることが悪いと言いたいわけでもないし、若い世代に無節操な行動をするように呼びかけているわけでもない。徹底した感染予防策を取るのは言うまでもないし、年齢に関係なく規則に則った責任ある態度をとるのは当然である。**社会全体で感染症を封じ込めていくことと、人々が萎縮せずに社会活動をすることは十分両立できる**と言っているのだ。

「社会の老化」を看過できないのは、その先に待ち受けるのが経済的困窮だからだ。日本のような国民の平均年齢が高い「年老いた国」は、「若い国」よりも積極的に社会経済活動を行わなければ、国際競争に太刀打ちできない。コロナ禍の経済危機からの回復のように、世界各国が一斉に復興のスタートを切る局面ではなおさらだ。ここでの出遅れは取り戻すことが難しい。

そうでなくても、日本は人口減少が進み劣勢に立たされている。必要以上に若者の手足を縛るということは、日本人自身が不況を創り出しているようなものなのである。

コロナ禍からの再興に手間取ることになれば、国家としての衰退の歩みはいよいよ早くなる。国際マーケットどころか国内マーケットをも外国資本に奪われ、多くの日本企業が外国企業の手に落ち、国益を守れなくなることが懸念される。「いまに日本人が中国に出稼ぎに行かざるを得なくなる」といった発言を耳にすることが少なくないが、笑い話で済まなくなるかもしれない。

人命が最優先であることは論を俟《ま》たないが、目先の感染症対策や〝一過性の変化〟にとらわれ、少子高齢社会が受けるダメージのリアルから目を背けることは許されない。「社会の老化」を放置し続ければ、「未来の年表」は悪化の一途をたどる。経済的困窮どころか、やがて国家の致命傷となる。

われわれは、ただ傍観してはいられない。「社会の老化」を打ち破る策を考えるしかない。まずできることは、コロナ禍がもたらした変化を正しく理解し、「社会の老化」がそこにどうかかわったのかを知ることだ。そして、次の一手を考えることに尽きる。

そのために、本書は新型コロナウイルス感染症に襲われた2020年に、この国で一体何が起きていたのかを整理し、その本質を読み解いていく。コロナ禍の爪痕を理解することで、「未来の年表」がどう書き換わるかが分かってくるからだ。

アフターコロナについては、さまざまな分野の予測が登場している。だが、そのほとんどが人口減少による影響を織り込んでいない。推測の域を出ないものも少なくない。

本書はそうした予測とは一線を画し、データによるファクトの積み上げによって分析を行う。**コロナ禍が人口減少にどう影響するのか、書き換わりゆく未来の可視化作業**である。

ドリル方式を採用する

これから起きることを正しく理解したならば、次のステップは「書き換わる未来」に対応する策を考えることである。第2部では「社会の老化」を跳ね返すための切り札となる5つの提言をしようと思う。

社会から精気を吸い取る「国家の病巣」を取り除くには、若い世代の突破力に頼むしかない。少子化で数は少なくなっていくが、塊となってかかれば大きな力を発揮する。そうした意味では、本書の目的は、若い世代の〝蜂起〟を促すことにあると言ってもよい。〝蜂起〟といっても、暴動や反乱をそそのかそうなどという物騒なことを考えているわけではない。先進国の座から転がり落ちようとしている日本の再興は、もはや若い世代に託すしかないところまで来たということだ。今ほど、この国が若い世代の活力を求めているときはない。

本書の最大の特徴は、何といっても分かりやすさだ。未来予測は難しい。これまで私は、『未来の年表』（講談社現代新書）シリーズで、カレンダーやカタログ、俯瞰《ふかん》地図という手法を用いて人口減少社会の可視化を行ってきたが、本書では第1部でドリル方式を採用することとした。読者の皆様にクイズを解く形でご参加いただいたほうが、馴染みやすく、より理解が深まると考えたからだ。ぜひ繰り返し挑戦してほしい。

コロナ禍は悪いことばかりではない。デジタル改革や雇用制度の見直しなど、放置されてきた日本の課題に取り組む動きが随所に見られるようになった。結果論だが、コロナ禍は「コロナ前」からの社会課題の解決に向けて時計の針を進める役割も果たしている。

そして、コロナ禍がもたらした一番の副産物は、「人口減少後の社会」を未来へのタイムマシンの如く一足早く覗き見させてくれたことである。コロナ禍は、否応なしに多くの需要を奪い去ったが、それは人口減少で需要が縮小した日本社会を強くイメージさせ、シミュレーションするには十分であった。

コロナ禍からの社会経済の再興のための方策と、人口減少対策とは極めて似ている。コロナ禍が背中を押す形で少子高齢化や人口減少への対策が飛躍的に進む可能性もある。

私は繰り返し、「戦略的に縮む」必要性を唱えてきたが、コロナ禍が見せた〝縮小〟は、人口減少に耐えうる社会へ作り替えるための「ラストチャンス」となるかもしれない。

勝負はこれからであり、社会の「豊かさ」を次世代に引き継いでいくためにも負けるわけにはいかない。本書が「ラストチャンス」を勝利に導く指南書になるとともに、すべての読者が激動の時代を乗り越えるための一助とならんことを切に願う。

目次

＊次の目次見出しのうち、□に入る言葉としてふさわしいものをA～Cから選び、○で囲んでください。また、二重線部分は漢字に直してください。答えはすべて本文中に太字で書いてありますので、答え合わせをしながら読み進めましょう。

問題2 高齢者とコロナ自粛

問題7　人材不足

第1部　人口減少ドリル

問題1　少子化の急加速

2021年「ベビーショック」到来！ それは、政府の想定より18年早く、出生数が□万人ほどになるから

Ⓐ 75　Ⓑ 85　Ⓒ 95

出生率は1・□6に急落

少子高齢社会は、感染症に対して極めて脆弱《ぜいじゃく》である。日本社会が年老いてしまった段階でパンデミックが起こったことは不幸としか言いようがない。

人間の身体にたとえて説明すれば、加齢に伴う〝慢性疾患〟で苦しんでいるときに、悪性の〝急性疾患〟にかかったようなものである。ただでさえ、国家としての基礎体力が消耗しやすいのに、より奪われていく。

人間でも体力を奪われると心に余裕がなくなり、マイナス思考に陥っていくが、これが「社会の老化」の正体である。それは社会のあらゆる分野に影響し、遠い将来にまで及ぶ。「未来の年表」はすでに書き換わり始めている。

「はじめに」でも述べた通り、コロナ禍が日本に残した最大の爪痕は出生数の減少、すなわち人口減少の加速である。現時点での傷はまだ浅い。だが、何年か後に「国家の致命傷」として多くの人が気づくことだろう。そうなってからでは、手遅れとなる。

真っ先に傷を負ったのは、妊娠届け出数や婚姻件数であった。新型コロナウイルスの感染者が増大するにつれて大きく減ったのだ。

コロナ禍が与えた影響を確認する前に、感染拡大直前の２０１９年を振り返っておこう。すでに危機的だったからである。年間出生数は前年より５・８％も下落し、86万５２３９人にとどまった。わずか１年間で５万３１６１人もの大激減になるという、いわゆる**「86万ショック」**が起こっていたのだ。

国立社会保障・人口問題研究所（社人研）が現実的シナリオの推計（中位推計）で86万人となると予測していたのは、その４年後の２０２３年であった。90万人割れも社人研の中位推計より２年早かった。新型コロナウイルス感染拡大のニュースに世間の関心が集まったためあまり大きな話題とならなかったが、**合計特殊出生率**（１人の女性が生涯に出産する子供数の推計値）**も前の年の１・４２から１・３６に急落**した。「１・３台」となるのは、２０１１年以来であった。

「86万ショック」が冷めやらぬ状況の中で、新型コロナウイルス感染症の拡大という新たなストレスがかかったことは最悪の巡り合わせであった。コロナ禍において出生数が急落していくのも無理はない。

言うまでもなく、妊娠から出産までは、280日ほどのズレがあるため、出生数の大幅下落が数字となって確認されるのは2021年以降となる。

厚生労働省の人口動態統計月報（概数）で2020年1～11月の出生数をチェックしてみても、前年同期間比2・4％減にとどまっている。これを機械的に計算すると、年間出生数は過去最低を更新はするが84万人程度となる。「コロナ前」の2019年に妊娠した人たちの出産が大半だったということである。

妊娠届け出数もこんいん件数も大きく下落

2021年の出生数激減を決定づける要因の1つである2020年の**妊娠届け出数の減少**から見ていこう。

厚生労働省によれば、87万2227件で過去最少となった。1～4月は前年と大差はみられなかったが、5月に前年同月比17・6％もの下落を記録した。

妊娠届け出は法令上の時限はないが、厚労省は妊婦健康診査などの母子保健サービスを適切に受けられるよう、妊娠11週までの届け出を勧奨している。2020年5月といえば

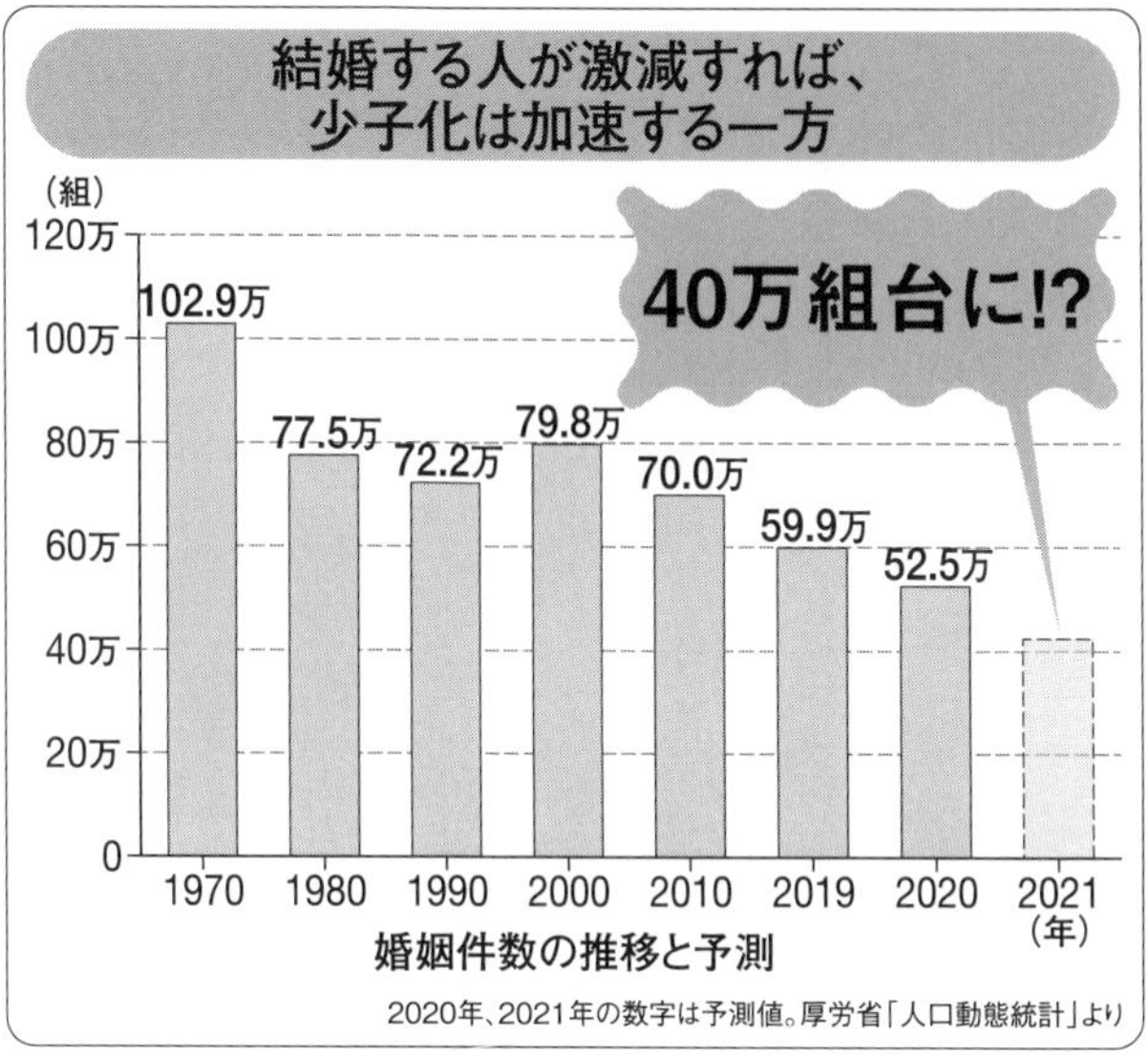

政府の緊急事態宣言中だ。届け出が遅れた人も相当数いただろうが、こうした事情を割り引いても大きな下落幅であった。感染が深刻化するのと歩調を合わせて、妊娠を避ける夫婦・カップルが増えたのである。

日本家族計画協会が男女約1万人（20〜69歳）を対象にした調査によれば、1回目の緊急事態宣言下では、性交渉が減った。調査対象のうち、男性の4割、女性の6割は性交渉をしていないと答えたのである。

妊娠届け出数は、7月が10・9％減となるなどマイナス傾向が続いた。1〜12月までのトータルでみると、前年同期間比では4・8％減、実数にして4万4363件の減少である。もともと少子化傾向にあるためマイナスとなることには驚きはないが、大差が見られるようになった5～12月だけで比べるならば7・0%減だ。この5～12月というのは、2021年の出生数に反映される時期にあたる。

次に2021年の出生数の激減を決定づけるもう1つの要因の**婚姻件数の減少**だが、人口動態統計月報（概数）によれば、2020年1～11月は前年同期間比12・3%もの大激減であり、年間でも52万5000組程度にとどまりそうである。

なぜ、婚姻数が翌年の出生数を占う材料となるかといえば、日本の場合には結婚と妊娠・出産とが強く結びついているからだ。非嫡出子の割合は2・33%（2019年）と各国と比べて極めて低い水準にある。結婚したカップルのすべてが子供をもうけるわけではないが、婚姻件数の減少は翌年の出生数の減少に色濃く影響する。

前年の2019年は改元に伴う「令和婚ブーム」もあって婚姻件数が7年ぶりに増加した。そうした特殊要因があったことを割り引いても減り方が著しい。

「さんごうつ」が2倍以上に増えた

出生数の動向を左右する妊娠届け出数や婚姻件数が激減した要因は、主に3つある。

1つは妊娠中の感染リスクへの懸念だ。妊婦の中には通院を抑制している人が少なくなかった。感染した場合の胎児への影響を心配する声も多かった。

2つ目は、出産態勢への不安である。都会から地方に戻らないよう移動の自粛を求める地域が多く、「里帰り出産」ができなかった人が少なくない。入院中に夫や家族の立ち合いや面会が制限されるケースもあった。

「里帰り出産」の困難さは、日本産科婦人科学会が2020年12月に発表した全国の施設を対象とする緊急アンケートの中間調査結果が如実に物語っている。2020年10月から2021年3月までの予約件数を調べたのだが、東京、大阪、愛知など大都市を抱える6都府県で前年同期間比約24%減、それ以外の道府県では約37%も減ったのである。

出産後も、感染拡大で保育園が一時閉鎖になったり、自治体による妊婦向けの教室や出産後の母親同士の交流機会がなかったりしたことで、育児への不安や孤立感が重なり不眠などの症状が現れた人が少なくなかった。出産後、子供への感染を懸念する声もあり、こうした情報を耳にして、結婚や子供を持つことをためらう人も増えたことだろう。

出産後の母親の10%程度が**「産後うつ」**を発症するとされるが、筑波大学などの調査(2020年10月)によれば、コロナ禍によって発症の可能性のある人が24%に上った。別の研究グループの調査結果では、約30%というものもあった。

3つ目の要因は、景気悪化に伴う収入の減少や将来への不安だ。第2子以降の妊娠については、夫の育児参加や経済面の安定が大きな決め手となっている。勤務先の業績悪化で仕事を失ったり、給与やボーナスが減ったりする人が、ライフプランを見直さざるを得なくなり、子供を持つ余裕を失った夫婦・カップルが増えたということだ。

婚姻件数や妊娠届け出数の減少は、コロナ不況の影響が非正規の女性雇用者を直撃したことも遠因となっていると考えられる。共働き世帯が増え、カップルのどちらかの雇用が不安定になると、結婚・出産以降の生活設計に見通しが立たなくなるためだ。

総務省の「労働力調査」によれば、２０２０年度平均の就業者数は６６６４万人で前年度より69万人減ったが、中でも女性が多い宿泊業・飲食サービス業は、37万人減の３８１万人と１割近い減少幅になった。

ホテルや飲食店などは、感染拡大に伴う観光需要の減少や営業時間の短縮のあおりを受けて経営が悪化したが、非正規雇用者が真っ先にその犠牲になった形だ。

非正規雇用者の増減を見てみると、女性は前年度比65万人減であった。同じ非正規雇用でも男性は32万人減で半数にとどまっている。同じ女性でも正規雇用者は36万人増で、非正規雇用の女性の厳しさが際立つ。「２０２０年度」の調査では年齢別の状況が分からないので、「２０２０年」で調べ直してみると、結婚する人が多い「25～34歳」の女性非正規雇用者は、前年より14万人少なくなった。

2020年、実際に女性の過半数が□歳以上に

妊娠届け出数や婚姻件数の減少からして、2021年の出生数の激減は間違いないが、どれぐらいの水準まで落ち込むのだろうか。

コロナ禍の影響をさほど受けなかった2020年が過去最低を更新して84万人程度になりそうであることを踏まえれば、80万人割れは確実視されるところだ。厚労省の人口動態統計月報（概数）によれば、2020年1～11月の婚姻件数も、前年の同期間と比べて12・3％も下落した。

もし、これに比例して妊娠件数が1割下落すれば、**2021年の年間出生数は75万人程度にまで減る**可能性が出てくる。速報値では2021年1～3月の出生数は、「コロナ前」だった前年同期比9・2％の激減である。

社人研は75万人となる時期を2039年と予想していた。**18年も早い到達が現実となったら、2021年は「ベビーショック元年」として、長く歴史に刻まれる**こととなる。人口減少対策のための「残り時間」を一気に使い果たしてしまうようなものだ。

問題はこれで終わらない。出生数の減少は2022年以降も加速を続けそうだからだ。2021年1～3月の婚姻件数は、前年同期間比5・9％減と下落に歯止めがかかってい

ない。雇用情勢は悪化しており、前年より1割近い減少となったら、2022年の年間出生数は70万人割れが視野に入ってくる。それは2040年代半ばに達すると見られていた水準だ。日本社会は急降下で縮むこととなる。

結婚や妊娠は、個々人の価値観に基づく極めてセンシティブな問題であり、とりわけ「タイミング」が重要である。コロナ禍が収束すれば観光需要などが爆発的に増えることが予想されるが、結婚や妊娠に関しては〝ため込んでいた需要〟が一気に放出されるようにはならない。結婚ブームや出産のブームが起きるわけではないのだ。

新型コロナ感染症は、人間関係の中で〝最も濃厚な関係〟を築かなければならない恋愛を難しくする。初めて出会った男女が恋人関係に発展するのに、マスクにソーシャルディスタンスでは無粋《ぶすい》であろう。テレワークでは直接の出会いそのものがなくなる。

社人研の「第15回出生動向基本調査」(2015年)によれば、平均交際期間は4・34年だ。今後数年は、「コロナ前」から交際していたカップルが結婚する時期を迎えるが、問題はその後だ。出会いや〝最も濃厚な関係〟を築く機会を奪われる期間が長期化したら、婚姻件数どころかカップルそのものが激減しかねない。

コロナ禍は収束の目途が立っていない。社会ストレスがかかる状況でセックスレスの傾向が続き、婚姻件数の下落傾向に歯止めがかからなければ、出生数は墜落するように減ってしまう。日本社会は壊滅的な打撃を免れ得なくなるだろう。

少子化が深刻化してきたときにコロナ禍に襲われたことを「最悪の巡り合わせ」と先述したが、最悪である理由はもう1つある。私が『未来の年表』で予言した通り、２０２０**年は実際に、女性人口の過半数が50歳以上となった**のである。

総務省によれば、２０２０年10月1日現在の50歳以上の女性人口は概算で３２４９万人となり、49歳以下人口の３２１２万人と逆転した。これのどこが問題なのかと疑問に思われる人もいるだろうが、それは日本人がいよいよ本格的に〝絶滅への道〟を歩み始めたということに他ならない。多くの女性は40代で出産を終えるからだ。合計特殊出生率が、母親になり得る年齢を15～49歳として計算されているのもこのためだ。

日本の少子化は、「過去の少子化」の影響で女児の出生数が減り続けてきたという構造的問題として起こっている。女児は十数年後には出産可能な年齢となるが、女性人口の過半数が50歳以上となったのも、女性の超長寿化と同時に女児の数が極端に減ってきたことが要因だ。ニワトリと卵のような関係であり、50歳以上の割合はどんどん拡大していく。

多くの国民が新型コロナウイルスの感染拡大に目を奪われているうちに、日本は致命的な局面を迎えていたのである。

少子化はいったん加速しはじめると、そのスピードを緩めることは難しい。〝ため込んでいた需要〟が一気に放出されるようにはならないと先に述べたが、日本のような晩産・晩婚社会ではなおさらだ。年を重ねてからの1年や2年の違いは大きい。結婚や出産のタイミングが1年遅くなるだけで、「子供は1人でよい」とか「3人目は諦めよう」となる。

2065年、出生数はわずか約□・6万人に

年間出生数が減れば、将来母親となり得る年齢の女性数も想定以上に減っていく。

2021年以降の年間出生数が大きく減り、そのまま社人研の悲観的シナリオの推計（低位推計）に沿った下落カーブを描いていったならば、2045年の年間出生数は約59万1000人、**2065年には約41万6000人**となる。2115年には全国でわずか約19万2000人にまで減ってしまう。

2065年の出生数で考えると、47都道府県で割れば1都道府県当たりの平均出生数は年間9000人弱となる。社人研の中位推計ではこの年の出生数を全国で55万7000人と予測していたから、25・3％も低い水準である。

人口動態統計によれば、2019年の出生数は東京都が10万1818人なのに対し、鳥取県は3988人に過ぎない。今後、大都市部を抱える都道府県の出生数が相対的に多くなることを考えれば、出生数が3000人に満たないような県がいくつも登場するだろ

う。各県内での偏在を考えれば、出生数ゼロの自治体が激増し、とても「地方創生」などとは言っていられなくなる。

出生数減少スピードの加速は、さらに日本社会を蝕んでいく。概ね20年後には勤労世代（20〜64歳）の不足となって表れ始めるからだ。２０１９年の実績値は６９２５万２０００人だったが、死亡数が想定通りに推移したとすると、２０４０年には２０１９年比で１４１４万人減る。これは社人研の中位推計よりも31万人ほど少ない。

こうした中位推計との開きは年々大きくなり、２０５０年には１５８万人、２０６０年には２６８万人ほど少ない水準となる。２０５０年は当初から見込まれていた人口減少分を含めると、２０１９年比で２２１０万人も減ることになり、各産業の人手不足も想定以上に深刻化するだろう。

少子化の加速で想定していたよりも早く勤労世代が縮小することの影響は、これにとどまらない。勤労世代は働き手であるのと同時に「旺盛な消費者」でもあるからだ。中位推計との開きは、その分だけ国内マーケットが早く縮小することを意味する。

しかも年を経るごとに若い世代が少なくなっていくのだから、ベビー服や学用品といった子供向けビジネスは20年も待たずして影響を受ける。少し遅れて洋服などのファッションや住宅など、若い消費者を主要ターゲットとしてきた業種に次々と波及していく。

ふにんちりょうへの健康保険適用は効果的か？

このように少子化が加速することの影響は将来に向けて果てしなく広がっていく。私が先に、現時点での傷はまだ浅いが、何年か後に「国家の致命傷」として多くの人が気づき、そうなってからでは手遅れだ、と述べたことの意味をご理解いただけただろうか。

さらにもう1つ、気がかりな点がある。婚姻件数の減少という〝現時点での浅き傷〟は、「社会の老化」に密接につながっていることだ。

出生数が減るスピードが速いほど高齢化率の上昇ペースも速くなり、社会としての若さを急速に失う。われわれは「社会の老化」の真の怖さをもっと知っておく必要がある。

得体の知れぬ感染症に身構えるのは自然のことだが、その正体が徐々に明らかになってもなお、必要以上に警戒したために、日本は活力を一気に失った。それは、結果的に将来に対して大きな禍根を残す。

個々人と同じで、「若さ」を失った社会は新たなストレスや変化に弱いものだが、コロナ禍における日本社会の姿は〝社会パニック〟に近く、国家が年老いたことを感じるに十分であった。欧米各国に比べて圧倒的に感染者数が少ないのに、上を下への大騒ぎとなり、政府の対策は後手に回った。

もとより政府は少子高齢化と真剣に向き合おうとしてこなかった。人口減少が始まってもなお、拡大路線の政策を取り続けてきた。コロナ禍で出生数の減少スピードが加速し始めても危機感は乏しく、菅義偉政権が打ち出した政策といえば、**不妊治療への健康保険適用範囲の拡大**や育休取得の充実といった程度だ。これらが重要でないとは言わないが、日本が置かれている状況を考えるとあまりにもスケールが小さい。

しかも、その政策効果は限定的である。不妊治療費の自己負担が減れば、経済的理由から断念する人が減って出生数増につながるとの思惑が政府内にはあるようだが、治療を受ける人の数や1人当たりの治療機会が多くなったからといって、妊娠に結びつく確率が比例して大きくなるわけではない。

不妊の要因は1つではないが、一般的に年齢が上がるにつれて妊娠しづらくなる。不妊に悩む人が増加した背景の1つに「晩婚・晩産」が進んだことがある。この点に手を付けず、自己負担だけ軽減してみたところでどれだけの効果があるか分からない。

先述した通り、日本の少子化は「出産可能な女性」が激減してしまう構造的要因にあり、これについてはもはや手の打ちようがない。だが、コロナ禍に伴って出生数の減少が加速した状況を食い止め、そのスピードを遅くすることはまだやり得る。これをやり過ごしたならば、日本の滅亡はわれわれが考えるよりもはるかに早く訪れる。

【問題1】の答え：A

問題2　高齢者とコロナ自粛

高齢者マーケットが伸び悩むのは、新型コロナによる〝過剰な□□心〟が消えないから

Ⓐ自尊　Ⓑ警戒　Ⓒ羞恥

実質的な〝人口減少元年〟は201□年

コロナ禍は、人口減少を加速させることになったが、同時に付け焼き刃的な人口減少対策を浮き彫りにした。

日本の総人口がピークを迎えたのは2008年の1億2808万人であるが、**実質的な〝人口減少元年〟を調べてみると、東日本大震災が起こった2011年**である。この年を境にして前年の人口を上回る年は見られなくなったからだ。

しかしながら、各企業が人口減少に危機感を覚えたのはもう少し前であっただろう。消費や働き手の中心世代である「生産年齢人口」(15～64歳)が1995年の8716万人を頂点として減り始めたためである。その後、生産年齢人口は下落傾向が続き、2020年

10月1日現在（概算値）は1995年と比較して、1250万人も少ない7466万人にまで落ち込んだ。

総人口に占める生産年齢人口の割合も1992年の69・8％をもって下がり始めている。2018年にはついに6割を切る水準にまで下落し、2020年は59・3％（10月1日現在、概算値）となっている。

こうした急速な内需の縮小や人手不足を補う打開策として、企業が目を付けたのが、

（1）高齢者マーケットの掘り起こし

（2）「24時間営業」の拡大・普及

（3）外国人の受け入れ拡大

という三本柱であった。いわゆる**人口減少対策三本柱**である。

しかしながら、コロナ禍に直面して、そのいずれも行き詰まりを見せているのである。

毎日外出する人は62・8％から□・3％に

人口減少対策三本柱のうち、コロナ禍によってまずメッキが剝がれたのは**「高齢者マーケットの掘り起こし」**であった。

これは言うまでもなく、勤労世代（20～64歳）の減少に伴う消費市場の縮小を、増え続け

る高齢者の消費を喚起することでカバーしようという取り組みである。

社人研の推計によれば、総人口は減少していくが、高齢者については2042年に3935万2000人でピークを迎えるまで増え続ける。2043年以降は高齢者も減り始めるが、高齢化率（総人口に占める65歳以上人口の割合）は、2065年の38・4％に達するまで増加傾向が続く。

つまり、2043年以降も、国内マーケットにおいては、年を経るごとに高齢者の存在感が増していくということである。大多数の企業は少なくとも、高齢者数が増え続ける今後約20年間において、高齢消費者のニーズに応える商品開発やサービス提供をしておかなければ生き残れない。

どの業種も国内マーケットの縮小には危機感を募らせており、総人口が本格的に減り始めた2011年頃から、高齢者を重視する姿勢が目立つようになった。最近では、80歳を超えても加入できる生命保険商品まで登場しているというから驚く。

しかしながら、コロナ禍はこうした高齢者マーケットの開拓努力に水を差し始めている。高齢者の重症化リスクが高いがゆえに、**新型コロナウイルス感染症に〝過剰な警戒心〟を持つ人が増えた**からだ。これまで盛んだった会食や旅行をためらう意識が強く働き、対面型のサービス以外でも高齢者の消費マインドを必要以上に冷え込ませてしまったのである。背景にあるのは「社会の老化」だ。

もちろん、高齢者を批判しようという意図はない。命の危険と隣り合わせの高齢者が〝自衛〟の意味で慎重に行動するのは無理からぬ話である。

感染状況について丁寧な情報発信をしない政府や地方自治体にも責任がある。どういうシチュエーションで感染したのか、詳細をつまびらかにしないから、恐怖心だけがいたずらに膨らんでいくのだ。ウイルスを正しく恐れながら、「withコロナ」の生活を上手にこなしている高齢者もいる。すべての人が〝過剰な警戒心〟を持ったわけではないが、行動範囲がかなり狭まったという高齢者は少なくない。

東京都医師会が、東京大学高齢社会総合研究機構のデータを紹介しているのだが、感染拡大前後で西東京市に住む**高齢者の外出頻度を調べたところ、毎日外出する人は感染拡大前の62・8%から、感染拡大後は35・3%に減った**。「週に1日程度」か「もっと少ない」という、〝隠遁生活〟のように閉じ籠もってしまった人が18・3%もいた。

厚労省の「国民生活基礎調査」（2019年）によれば、高齢者がいる世帯は2558万4000世帯で全世帯の49・4%を占めるが、このうち単身世帯は736万9000世帯、夫婦のみの世帯は827万世帯だ。こうした高齢者のみの世帯が増加していることが、より警戒心を強めさせている可能性もある。

感染拡大で高齢者は引きこもった

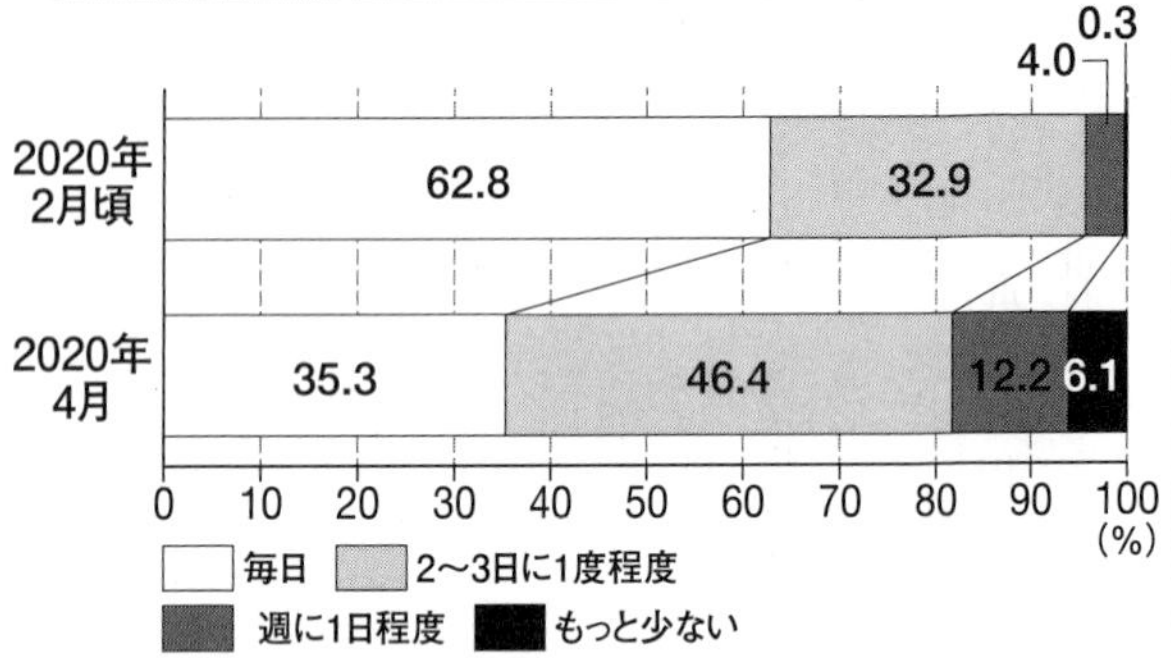

感染拡大前後での外出頻度の変化

西東京市民298名の回答。東京大学高齢社会総合研究機構の調査より

高齢者の「教養ごらくサービス」への支出は33％減

外出する機会の減少が消費マインドの冷え込みに直結するのは当然である。総務省の「家計調査」（２０２０年度）からはお金を貯めこむ傾向も明確になっている。特別定額給付金も消費には回らず、可処分所得は前年度に比べて実質４・０％増えた。その一方で消費支出は４・７％減った。消費の縮小ぶりを「家計調査」（２人以上の世帯）で確認してみよう。

２０２０年全体の消費支出をチェックしてみると、全年齢での１世帯当たり月平均の消費支出額は27万7926円だ。物価変動の影響を除いた実質で前年比５・３％減となった。落ち込み幅としては、比較可能な２００１年以降で最大であった。

これを年齢別で分析してみると、65歳以上は前年比4・4％減（月平均1万1014円減）となる。高齢者の内訳では65〜74歳は4・6％減（同1万2498円減）、75歳以上は3・9％減（同8845円減）であった。これに対し、35〜44歳は5・7％減（同1万7128円減）、50〜59歳は6・9％減（同2万4315円減）だった。現役世代よりもむしろ高齢者のほうがコロナ禍の影響は少なかったことになる。

だが、これを額面通りに受け止めるわけにはいかない。高齢者よりも若い世代のほうが総じて消費が活発である点を勘案する必要があるためだ。暮らしていくのに最低限必要な食費や医療費、光熱水費などの「固定費」は節約しようにも限界があり、コロナ禍のような非常時でも影響を受けにくい。収入が少ない高齢者のほうが消費支出全体に占める「固定費」の割合は大きくなりやすい。加えて、年金収入が主柱である高齢者は、若い世代に比べれば収入の変動幅が小さかったこともある。

コロナ禍の影響を受けたのは、「固定費」以外の〝自分の意思で使い道が決められる支出〟だったのである。こちらは収入の多い若い世代のほうが消費実額も大きい。2020年の消費支出の落ち込みに年代差がつかなかったのは、若い世代の固定費以外の支出の下落率がこの程度で収まったということであろう。

チェックすべきは固定費以外の支出について、世代を問わず消費意欲が衰えてしまった状況からの回復時間に年代差が見られるかどうかだ。

高齢者の消費マインドの冷え込みが目立つ消費項目とは、高齢者が消費のリード役として一翼を担ってきた分野である。例えば、2020年の旅行を含む**「教養娯楽サービス」への支出は**25～34歳が前年比25・6%減、35～44歳が同27・8%減だったのに対し、**65歳以上は同**33・0%**減**となった。

「一般外食」はさらに顕著で、25～34歳が同11・5%減、35～44歳が同22・1%減に対し、65歳以上は同31・9%減だ。「洋服」の場合には65歳以上は同18・8%減だったが、35～44歳は同9・5%減にとどまっており、差が開いた。

2020年の消費支出が全体として大幅下落した要因は、感染の拡大に伴って旅行関連や外食、衣料品などの消費が年代にかかわらず落ち込んだことにあるが、高齢者がより引き下げていたことが分かる。

2020年の対面型のサービスの主要項目である一般外食、交通、宿泊費、パック旅行の支出を合計して改めて比較してみると、世帯主が65歳以上の2人以上世帯は8895円で、2019年の1万6979円より8084円少なかった。率にして47・6%ものマイナスである。高齢者の中では行動的である65～74歳でみると、前年より9409円少なく48・1%減だ。

これを若い年代と比べてみると、25～34歳は前年比25・6％減、35～44歳が同35・2％減、45～59歳が同36・8％減で、高齢者の突出ぶりは明確である。

高齢者の「パック旅行費」は前年より約□％減

高齢者の消費マインドの回復が若い世代より遅いことは、政府の緊急事態宣言が初めて発出された2020年4月前後を比べてみると、より鮮明に浮かび上がってくる。新型コロナウイルス感染症の実態がほとんど解明されておらず、「死に至る未知の病」といったイメージが先行して、高齢者の〝過剰な警戒心〟が顕著に表れた時期である。

これを同年8月と比較してみる。同月には「三密回避」といった感染防止策が定着し、日本社会が少し落ち着きを取り戻していた時期であるからだ。マスクや手指消毒用のアルコールの品薄も解消されてきていた。

同年4月時点の65歳以上の消費支出を調べてみると21万7751円で、前年同月と比べて12・7％減っていた。実額にして3万1563円の減少である。

高齢者をさらに細かく分類すると、65～74歳は12・7％減の23万5550円（前年同月比3万4360円減）、75歳以上は13・5％減の19万3366円（同3万2248円減）であった。

一方、8月の65歳以上の消費支出は、前年同月比8・0％減の23万9979円（2万9

43円減）であった。65〜74歳は9・4％減の25万8388円（2万6756円減）、75歳以上は5・2％減の21万8206円（1万1990円減）だ。4月よりわずかながら改善は見られたが、65〜74歳の〝比較的若い高齢者〟は1割近いマイナスが続いており、高齢者の消費マインドの冷え込みはすぐには回復しないことが分かる。

とりわけ旅行費や交際のための食事代などで落ち込みが激しく、65〜74歳の8月の**「パック旅行費」は前年同月比で実に95・6％減**であった。

これに対して、若い世代の消費支出がどうだったかと言えば、25〜34歳は4月には前年同月比9・1％減の落ち込みを記録したが、8月には前年同月比で1万5197円多い27万9654円となり、むしろプラスに転じている。率にすると5・7％の大幅増だ。緊急事態宣言に伴う外出自粛生活を余儀なくされ、消費支出の反動が大きく表れたということだろう。

高齢者に比較的近い年代である50代の消費支出は25〜34歳の若者世代とは異なり、8月も前年同月比7640円減の32万9390円ではあったが、率にすると2・3％の減少にとどまった。4月の50代は前年同月比7・2％の落ち込みにあったことを考えると、社会が落ち着きを取り戻すのに合わせて、消費意欲の減退は大幅に改善されたと言えよう。このように高齢者の消費の落ち込みが際立っていたのである。

この比較からも分かるのは、感染症への恐怖心によって一度冷え込んでしまった高齢者の消費マインドは簡単には元に戻らないということだ。高齢者のマインドの冷え込みを意識調査も裏付けている。ニッセイ基礎研究所が20〜60代について、飲食店での食事の頻度を2020年1月と9月を比較する形で調べているが、「コロナ前」に比べて店内での飲食を減らした割合は60代の63・5％がトップで、続く40代（54・7％）、50代（54・0％）などと比べても大きくなった。

一方、「変わらない」と回答した割合は20代が36・8％、30代が32・6％に対し、60代は19・6％にとどまった。若い世代より感染を懸念する人の割合が多いことが分かる。

「感染リスクから、国内旅行をしにくくなることに対する不安」についても、60代は55・7％で、旅行をしたくてもできないでいる人が過半数を占めている。これは全年齢の49・2％より6・5ポイント高くなっており、20代（43・9％）と比べれば10ポイント以上の開きがある。

飲食店での会食が減ったからといって、デリバリーサービスに切り替えているわけでもない。2020年は、感染が拡大するにつれてインターネット通信販売（ネット通販）が急速に普及したが、総務省の「家計消費状況調査」（2020年平均）によると、ネット通販の利用も高齢者は若い世代よりも低調だ。2人以上世帯の全年齢の平均は2万73円だが、

65歳以上は1万3557円にとどまり、34歳以下（2万4535円）の半分にも満たない。

食事だけでなく、買い物においてもリアル店舗の利用は高年齢層になるほど、減少割合が大きい。

ニッセイ基礎研究所の先の調査では、スーパーマーケットの利用が減った割合は60代が28・5％と全世代の中で一番大きい。全世代の平均は23・7％、20代は19・4％である。百貨店やショッピングモールについても60代の45・6％が「減少」と答えており、他の世代よりも高かった。

若い世代については、在宅勤務に伴い自宅での食事回数が増えて、近隣のスーパーマーケットなどに行く機会が増加し、リアル店舗を利用する割合を押し上げたということがあるだろう。だが、こうした要素を割り引いても、高年齢層にはリアル店舗へ足を運ぶと感染しかねないと考える人が少なくなかったということだろう。

高齢者のネット通販の低調さを見ると、飲食以外の商品購入も若い世代のようにネット通販に置き換わったわけではなく、単に消費の落ち込みが大きかったということだ。

「少子高齢社会は、感染症に対して極めて脆弱である」と先に指摘したが、それを裏付ける数値だと言えよう。「社会の老化」は、こうして深刻化していくのである。

〝過剰な警戒心〟による過度な外出自粛は、高齢者の消費マインドをさらに冷え込ませる要因となり得る。年金受給者には「小遣い稼ぎ」として自分のペースで仕事をするといった暮らし方をしている人も少なくないが、感染を恐れて辞めてしまったというケースが相次いでいるのだ。

「年金の足し」にしていた収入がなくなったことで家計を切り詰めざるを得なくなれば、ますます旅行や外食から遠ざかることとなる。

2021年4月から年金じゅきゅう額が下がった

それどころか、現役世代の賃金水準の低下に合わせて年金受給額を抑える新ルールが適用されて、**2021年4月から年金受給額が0・1％下がった。**これまでは「物価がプラスもしくは横ばい、賃金がマイナス」の場合は「据え置き」だったが、賃金の伸びが物価の伸びより小さい場合には、賃金上昇率に合わせて年金受給額も減らされることになったのだ。

しかも、2021年4月からの年金受給額引き下げはコロナ不況によるものではない。2017〜2019年度の賃金動向を反映した結果だ。

足元の賃金の動向を示す毎月勤労統計によれば、給与は大きく下落する傾向にあるが、コロナ不況を踏まえた賃金変動率が確定し、年金受給額に影響が出てくるのは2022年以降となる。年金受給額は、これからジワジワと下がり続けることが予想されるのである。

年金が減るだけでなく、感染収束後には増税や社会保障の負担増が家計を直撃することも懸念される。政府はコロナ対策として積極的な財政支出を行っているが、財源確保のために国の借金は膨張している。

財務省の「国債及び借入金並びに政府保証債務現在高」（２０２０年12月末現在）によれば、国債及び借入金現在高は１２１２兆４６８０億円となり、ついに１２００兆円を突破した。感染拡大が収束すれば財政健全化に向けての引き締めは必至である。

すでに政府は75歳以上の医療費窓口負担について、収入が多い人を対象として原則１割から2割への引き上げを図るが、これ以外にもさらなる負担増のメニューが並ぶことだろう。これでは、マスクをしない生活が戻ったとしても高齢者の消費マインドに火が点《つ》くどころか、財布の紐は固くなるばかりだ。

感染収束後はインフレになるけねんも

老後の生活費を懸念して、高齢者の財布の紐が固くなるという意味では、年金の減額だけでなく、**インフレ懸念の高まり**も影響を与える可能性がある。

世界では、感染収束後のインフレに対する警戒感が強まっているのだ。

インフレは高齢者に与えるダメージが大きい。インフレになると、預貯金の実質的な価値が下がるからである。

高齢者の収入といえば公的年金が主柱である。年金受給額はインフレに対応する仕組みとなっているので問題はないのだが、多くの人は年金だけでは足りず、蓄えてきた預貯金を取り崩して生活費に回している。

そんな虎の子の預貯金の価値が目減りしてしまったのでは、「老後の生活設計」が根本から崩れることになる。逆説的な言い方となるが、高齢者にとってはデフレのほうがありがたいのである。日本がデフレからなかなか脱却できないのも、高齢消費者が増えてきたことと関係がないとは言い切れないだろう。

若い世代ならば、預貯金に偏《かたよ》らせずバランスの良い資産分散を行うことでリスクに備えることも可能である。だが、生活資金として取り崩さざるを得ない高齢者はそれもできない。防御の策としては、無駄遣いしないよう倹約に努めるという発想になる。

インフレの予兆はすでに見られる。コロナ禍にあって世界的にサプライチェーンが見直されたこともあり、鋼材、非鉄金属、農産物といった一次産品の価格が上昇しているのだ。こうした中で、半導体やコンテナの不足というボトルネックも発生している。加えて各企業がコロナ不況からの回復後を見据えて必要物資の確保に躍起になっており、不足に拍車をかけている。

今後、世界各国でワクチン接種が進むにつれて、旅行や飲食といったサービスに対する繰越需要が強まるだろう。こうした需要が一気に噴き出すと、さまざまな値段が上がりやすくなる。ワクチン接種が進んだ米国は２０２１年３月の個人消費支出物価指数が前年同月比２・３％上昇し、２０１８年８月以来２年７ヵ月ぶりの高い伸び率となった。

ずっとこのペースで上昇することはないだろうが、物価上昇圧力は確実に強まっている。ドイツやフランスでも上昇傾向が鮮明になっている。

これに対して、日本の消費者物価の総合指数は２０２１年４月も前年同月比で０・１％下がり、９ヵ月連続のマイナスである。新たな成長分野がなかなか育たないうえに、ワクチン接種の遅れもあってコロナ不況からの回復も遅く、当面は業績の悪化した企業で給与や賞与削減の動きが拡大しそうだ。日本の物価はしばらく低空飛行となり、むしろデフレ傾向が強まることが予想される。

とはいえ、世界各国の経済が先行する形で回復し、貴金属やエネルギー、食料の価格が上昇すれば、国内物価への影響は避けられなくなるだろう。国境を越えての外国人労働者の移動はしばらく縮小が続き、各企業がサプライチェーンの再構築のための追加投資を迫られることも予想される。これらのコストが商品価格に転嫁されるようになると、さらなる物価上昇要因となる。

コロナ不況で実体経済は弱っているが、世界中で政府と中央銀行がコロナ対策として財政出動や低金利政策を行い、未曽有の規模でマネーを供給している。世界の金融市場はマネーで水浸し状態にあり、インフレが発生しやすい土壌にあることは間違いない。

実際にインフレがやってくるかどうかは分からないが、物価上昇が目に見える形で現れるようになり、インフレ懸念が社会の空気として広がるようになると高齢者の消費マインドはさらに冷え込むこととなる。

主な消費世代の□人に1人が高齢者

高齢者の消費マインドの冷え込みが続くとなると、どうなるのか。

高齢者の人口ボリュームは大きく、個々の冷え込みが積み上がると大きな額となる。総務省の人口推計によれば、2020年10月1日現在の高齢者数は3607万人を超え、高齢化率は世界最高の28・7%だ。分母を20歳以上として計算し直すと34・4%になる。

大雑把に言えば、**主な消費世代の3人に1人が高齢者**なのである。

高齢者の消費支出が、仮に平均10%落ち込み続けるだけで、国内マーケットが360万人縮むのと同じである。平均20%の落ち込みならば、720万人減に匹敵する。同日現在、消費の牽引役である勤労世代（20〜64歳）は6897万人なので1割以上にあたる。決して無視できない数だ。

先述した通り、２０４２年まで日本の高齢者数は増え続け、国内マーケットにおける高齢者の「存在感」は年々大きくなっていく。

総人口の減少に伴って国内マーケットが縮小していくことは、「コロナ前」からの日本経済の大きな課題であった。しかも、それは単に規模が小さくなるだけでは済まない課題だ。消費者が高齢化することによって１人当たりの消費量も減るため、消費者の人数が減る以上のスピードでマーケットは縮んでいく。いわば、「ダブルの縮小」である。

これだけでも対応は難しいのに、高齢者の消費の冷え込みまで加わったならば、国内マーケットにとってはトリプルパンチとなる。

高齢者の消費マインドの冷え込みが、新型コロナウイルス感染症が落ち着きをみせてからも続く要因は、先述した年金受給額の減少や負担増などへの懸念だけではない。**21世紀は「感染症の世紀」となりそう**なのだ。むしろ、こちらのほうが影響は大きいかもしれない。

どんなに大流行した感染症もいつか収束の日を迎える。このことは歴史が証明しており、新型コロナウイルス感染症も例外ではないだろう。だが、感染症を地球上から撲滅することは難しい。新型コロナウイルスでもそうだが、ウイルスは感染が拡大する中で頻繁に変異を繰り返す。いったん下火になったとしても、再び局所的な感染の広がりが予想される。かなり長い年月を、この厄介なウイルスと共存していかざるを得ないのだ。

仮に、新型コロナウイルスの完全撲滅が実現したとしても、安心はできない。次なる感染症が繰り返しやってくる。なぜ21世紀が「感染症の世紀」になりそうかと言えば、地球規模で人口増加が続いているからだ。

世界各国で都市化が進み、これまで人を寄せ付けなかった密林地域などが猛スピードで開発されている。温暖化で、永久凍土も溶解している。こうした地域に人が立ち入るようになったことで、これまで人類とほとんど接触することのなかった未知のウイルスとの接触機会が格段に増えているのである。グローバル化により人々が簡単に国境を越えて移動するようになった以上、ウイルスはあっという間に全世界に運搬される。

基礎体力が乏しく、既往症を抱える高齢者が重症化しやすいのは、多くの疾病にも共通した話である。ワクチンで集団免疫ができ、新型コロナウイルス感染症が収束すれば、いったんは警戒心が緩み、一時的に消費マインドも回復しよう。だが、数年おきに緊張感をもった暮らしを迫られることになっては、高齢者の消費マインドに火が点き、コロナ前の水準に消費支出が戻るようになるまでにかなりの時間を要するだろう。

その結果、企業の業績が低迷し若者の雇用情勢がさらに悪化すれば、結婚や妊娠・出産を先送りする人が多くなり、少子化も加速するという負のスパイラルに陥っていく。

【問題2】の答え：B

外出自粛が企業の業績を悪くするのは、□□イ□の増加で、介護離職が増えるから

Ⓐ トレ[イ]ル　Ⓑ モバ[イ]ル　Ⓒ フレ[イ]ル

2040年度、社会保障給付費は□□0兆円を突破か

高齢者の〝過剰な警戒心〟はマーケットの縮小にとどまらず、さらに重大な事態を引き起こす。

身体機能や認知機能の低下が表れ始める状態を指す**「フレイル（虚弱）」の増加が懸念されるのだ**。体を動かす機会が極端に減ることで、徐々に歩行が困難となり、階段を少し上るだけで息切れしたり、靴下を自分で穿けなくなったりする。他人と会話する機会が激減することで物忘れが激しくなるケースもある。

こうなると、感染への警戒心というよりも、外出する意欲そのものがなくなり、ますます状態が悪化していくのだ。

スポーツ庁の「体力・運動能力調査」(2020年度)の速報値によれば、体力の向上が続いていた高齢者(65～79歳)の平均値はすべての年齢階層で前年度より低下した。

東京大学高齢社会総合研究機構のデータによれば、外出自粛生活の長期化で、加齢性筋肉減弱現象(サルコペニア)が進行する。緊急事態宣言に伴う外出自粛要請の前後で比較すると、「筋肉量が低下した高齢者」は24・3%、「歩行速度が低下した高齢者」は27・3%で、このうち「人と会う機会やつながりの低下した人」は、それ以外の人と比べてそれぞれ3・4倍、9・5倍多かった。

日本認知症学会が2020年5～6月に専門医を対象に実施したアンケート調査によれば、認知症の症状悪化を「多く認める」が8%、「少数認める」が32%で、何らかの悪化が認められた患者が4割を占めた。症状としては「多く認める」「少し認める」の合計が多い順に「認知機能の悪化」が47%、「BPSD(行動・心理症状)の悪化」が46%、「合併症の悪化」が34%であった。

そもそも認知症の患者数は、コロナ禍とは関係なく高齢者数の増加に伴って増えると予想されている。厚労省の資料(2019年)によれば、糖尿病の有病率が上昇した場合、団塊世代が75歳以上となる2025年に730万人で65歳以上の5人に1人(20・6%)、2040年には953万人で4人に1人(25・4%)が該当すると推計している。

こうした認知症患者の未来図は、さらに深刻な状況へと書き換わるだろう。

認知症患者の想定以上の増加は、高齢者マーケットのさらなる縮小も意味する。そればかりか**社会保障給付費の増大**につながる。社人研によれば、2018年度に年金、医療、介護などに充てられた社会保障給付費は、前年度比1・1%増の121兆5408億円だった。しかし、内閣官房などの「2040年を見据えた社会保障の将来見通し」（2018年）は、2025年度に最大140兆6000億円、**2040年度には190兆円に膨らむと**予測している。

認知症などの進行で要介護度が悪化する人が多くなってゆけば、社会保障給付費の上昇ペースが速まり、とても190兆円ではおさまらなくなるだろう。国民個々の負担額はさらに大きくなることが避けられない。

2020年、□73件もの介護事業所が消えた

影響はこれにとどまらない。

認知症患者が想定以上に増えてゆくと、介護離職を余儀なくされる人も想定を超えて増加する。責任あるポジションの社員が突如として職場を離れれば、少子高齢化で人手不足が拡大している企業にとっては、大きな痛手となる。

〃過剰な警戒心〃はさらに状況を困難にしている。厚生労働省が介護事業所を対象とした調査結果（2020年7月）を公表しているが、自主的に通所介護の利用を控えた人がいた事業所は81・7％に上った。利用者本人が事業所内での感染不安を抱いたケースが68・2％、家族が不安を抱いたケースが78・2％（複数回答）であった。

この自主的な「利用控え」が深刻なのは、介護事業所の経営に大きな打撃を与える点にある。

東京商工リサーチによれば、2020年の「老人福祉・介護事業」の倒産は118件に達し、介護保険法が施行された2000年以降で最多件数を更新した。

慢性的なヘルパー不足に悩む「訪問介護事業」が56件で47・4％を占め、デイサービスなどの「通所・短期入所介護事業」が38件で32・2％であった。

倒産だけでなく休廃業・解散で介護事業から撤退するケースも455件（前年比15・1％増）を記録し、2018年の445件を抜いて過去最多となった。倒産と休廃業・解散を合計すると、**573件もの介護事業所が姿を消した**こととなる。

もちろん、倒産や休廃業・解散が過去最多となったのは、「利用控え」だけが要因ではない。新規参入した業歴の浅い事業者には、大手との競合に敗れたり、人材確保に苦労したり、ノウハウの蓄積が足りなかったりで、経営に行き詰まったケースも多く、倒産や休廃業・解散の件数はこの10年あまり増加傾向にあった。

しかしながら、2020年に関してはこうした従来の理由に加えて、「利用控え」や感染防止対策費がかさんだことが件数を押し上げる形となった。感染を嫌うスタッフが辞めたところもあった。何とか持ちこたえてきた介護事業所にとっては、コロナ禍で先行きが見通せない中で、経営意欲を削がれる決定打になったということだ。

2025年、介護保険の利用者は□00万人超え

倒産や休廃業・解散にまでは至らなくても、コロナ禍で収支が悪化した介護事業所は少なくない。

厚労省が介護事業所に対して実施したアンケート調査（2020年10月）によれば、最初の緊急事態宣言が発出されていた2020年5月時点の収支状況は「コロナ前」と比べて「悪くなった」が47・5％に上った。とりわけ通所リハビリテーションが80・9％、デイサービスが72・6％で、ここでも「利用控え」の影響がうかがえる。収支状況については同年10月時点では32・7％にまで改善したが、高い数字であることには変わりない。

こうした状況に対して、政府は2021年4月の介護報酬改定で、すべての介護保険サービスの基本料金を引き上げるといった措置を講じたが、「利用控え」などによる介護事

業所の経営ダメージは大きく、倒産や休廃業・解散の拡大は続きそうだ。

「厚生労働白書」（2020年版）によれば、介護保険の利用者は2018年の502万人（居宅利用者353万人、施設利用者149万人）から、**2025年に606万人**（同427万人、同179万人）、2040年には747万人（同509万人、同238万人）に膨らむ。介護事業からの撤退がこのまま進めば、〝**介護難民**〟が増えることとなる。

自ら介護サービスの利用の機会を潰し、通い慣れた施設を倒産や休廃業・解散に追い込む結果となったことで、ますますサービスを利用しづらくなるという悪循環は、病状や要介護度の悪化を招く。

高齢者の中には、介護サービスどころか、医療機関への受診まで止めてしまった人も多い。厚労省の資料によれば、2020年4〜11月の医療費は前年同期間比で4・2％減となった。同年8月の「1人当たり医療費」は75歳以上で4・6％減となり、未就学者を除く75歳未満の2・5％減を大きく上回った。「デイサービスや病院に行かないことで病状が悪くなるより、新型コロナウイルスに感染するほうが怖い」と話す人が後を絶たない。

他方、コロナ禍にあって要介護認定の区分変更申請や新規申請件数は、前年比で増加傾向にある。

感染症への向き合い方は人それぞれである。しかしながら、過剰反応を続けた結果、がん検診を先延ばししたり、必要な治療を受けなかったりして、新型コロナウイルスの感染を免れたとしても、別の病気で命を落とすようなことになったのでは元も子もない。これは若い世代にも言えることだ。

日本肺癌学会によれば、２０２０年１～10月に肺がんの新規患者が、前年同期比で６・６％減った。約８６００人の診断が遅れ、治療機会を逃した可能性がある。

過度の外出自粛とは、日本経済にダメージを与えたり、社会保障給付費の上昇を招いたりするだけでなく、人々の健康を損なうことでもあるのだ。トータルとして日本全体の傷口を広げるということを理解しなければならない。

【問題3】の答え：C

問題4　24時間営業の行き詰まり

24時間営業が限界なのは、□□まで□□□いられない消費者が増えていくから

Ⓐ 深夜　起きて　Ⓑ 店舗　通って　Ⓒ 閉店　待って

「24時間戦えますか。」流行の19□□年の意味

次は、人口減少対策三本柱の2本目である「『24時間営業』の拡大・普及」を取り上げよう。これもコロナ禍で、対策としての行き詰まりがはっきりした。

人口が減るとは、「社会全体としての総消費時間」が減ることでもある。24時間営業とは、消費者の人数が少なくなることによる目減り分を、一人一人の消費時間を長くさせることでカバーしようという発想だ。

日本の対面型の24時間営業は、コンビニエンスストアやファミリーレストランをはじめとして、牛丼店、食品スーパーマーケット、ドラッグストア、スポーツジム、サウナ風呂、ガソリンスタンドなど多岐にわたる。インターネットの普及で「いつでも、どこで

も」のサービスに慣れてしまったこともあって、24時間サービスの店舗がない場所のほうが不思議に思えるほど〝当たり前の風景〟として定着してきた。

24時間営業店舗が急増してきた背景を振り返ると、当初は人口減少対策というよりバブル経済崩壊に伴う景気低迷の起死回生策の意味合いが強かった。

一定以上の年齢の人たちは、**1989年にユーキャン新語・流行語大賞受賞語の1つに選ばれた「24時間戦えますか。」**というフレーズをご記憶だろう。栄養剤「リゲイン」（三共株式会社、現・第一三共ヘルスケア株式会社）のテレビコマーシャルから生まれた言葉で、俳優の時任三郎さん扮する猛烈ビジネスマンがリゲインを飲んで、徹夜も厭《いと》わず世界を舞台に働く姿は大変インパクトがあった。

これは小学生までがCMソングを口ずさむほどの大ヒットとなったのだが、このコマーシャルが放映されたのはバブル経済崩壊を迎えようとするタイミングであった。「24時間戦えますか。」という問いかけは、この会社独自のメッセージというより、当時の日本社会の空気というべきものを伝えていた。

売上額の拡大成長に邁進《まいしん》していた当時の企業経営者たちにとって、「24時間」という響きはシェア拡大のための開拓すべきフロンティアであり、バブル経済が崩壊した後も、なおシェアを拡大し続けられる有望な市場として映っていたに違いない。

その一方で1989年といえば、**合計特殊出生率が1・57となり、丙午《ひのえうま》であった1966年の1・58を下回った「1・57ショック」の年**でもあった。多くの国民が少子化の進行を意識し、マーケットが縮小していくことへの対応を各企業が問われる背景があった。

先述したように、総人口に占める「生産年齢人口」の割合は1995年をピークに下がり始めたこともあり、バブル経済崩壊による景気低迷が落ち着きを見せるにつれて、24時間営業の目的は人口減少に伴うマーケットの縮小対策の意味合いを濃くしていったのである。

もちろん、企業サイドが消費者に対し「24時間、眠らずにせっせと買い物を続けてください」などという本音をおくびにも出すはずがない。強調されたのは「顧客の利便性」であった。

インターネットの普及や単身世帯の増大もあり、人々のライフスタイルが大きく変わっていく過程で、深夜は「眠るための時間」から「自分らしく過ごすための時間」へと劇的な変貌を遂げたのである。消費者にとっても、24時間営業を行う店舗は「豊かさの象徴」となっていった。

バブル経済の崩壊後に本格化し、人口減少に伴うマーケットの縮小対策としても期待されて右肩上がりに増えてきた24時間営業であったが、「コロナ禍」によって大きく潮目が変わったことは間違いない。飲食店やオフィス街のコンビニエンスストアなどで早めに営業を切り上げるところが目立つ。

感染拡大防止のための営業時間の短縮が進むうちに消費者の暮らしのテンポ自体が変わってしまったことに加え、テレワークが普及して〝おうち時間〟を軸とした家族との生活を重視する人が増えたためだ。オフィス街を中心に店舗を展開していた企業は、深夜時間帯まで開けていても割に合わなくなったのである。

24時間営業を廃止したファミレスの増益のひけつ

しかしながら、24時間営業の廃止はコロナ禍がもたらした変化ではない。「コロナ前」から日本社会が問われていた課題であり、すでに曲がり角を迎えていた。ここでも、コロナ禍は「時代」を早送りする役目を果たしたということである。

例えば、ファミリーレストラン大手・すかいらーくホールディングスが、ガストやジョナサンなどの24時間営業の廃止や深夜の営業時間短縮を発表したのは感染拡大直前の2020年1月だ。コンビニエンスストア大手・セブン‐イレブンにおいて、店舗のオーナーたちから24時間営業の見直しを求める声が挙がり、セブン‐イレブン以外の各社も含めて脱24時間営業を本格化させたのも「コロナ前」であった。

人手不足は加速するばかり

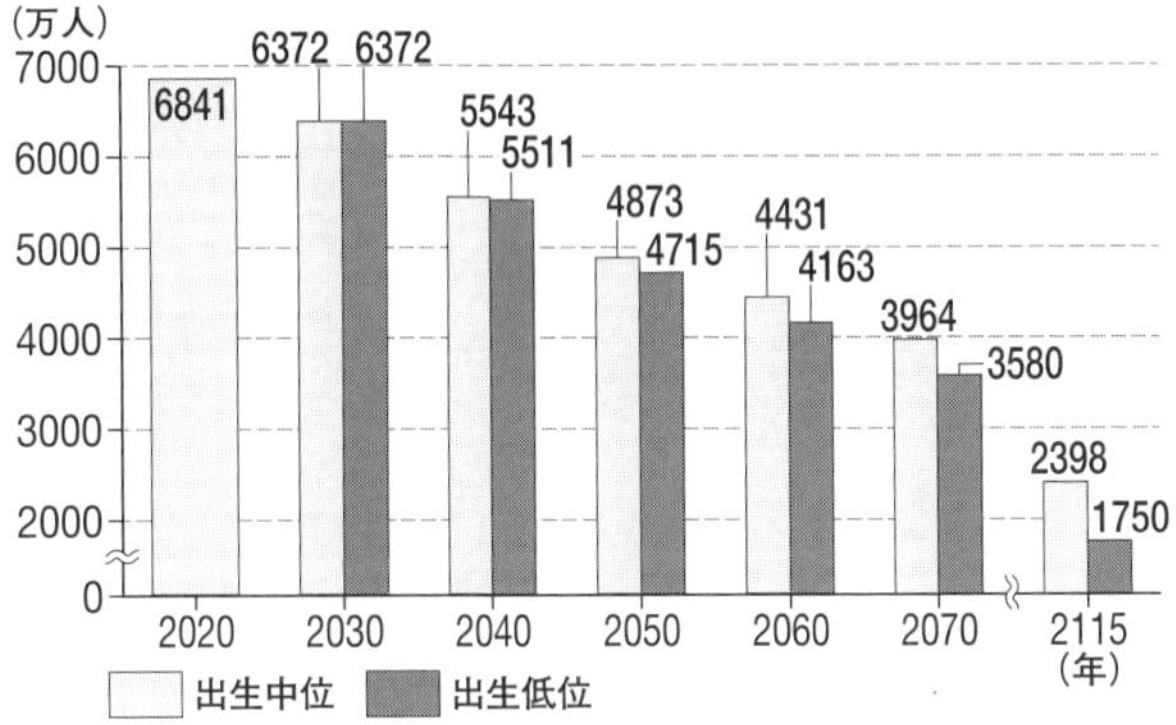

勤労世代(20〜64歳)の人口の推計

国立社会保障・人口問題研究所「日本の将来推計人口」(2017年)より。
2020年は実績値。2030年以降は出生中位推計と出生低位推計のグラフを並べた。

これまで24時間営業を牽引してきた業界で見直し気運が盛り上がった背景には、公正取引委員会がコンビニエンスストアの加盟店への24時間営業や仕入れの強制などが独占禁止法に抵触する見解を示したことや、ファミリーレストラン大手・ロイヤルホストが営業時間短縮によって増収になったという成功体験談が伝わったこともあった。

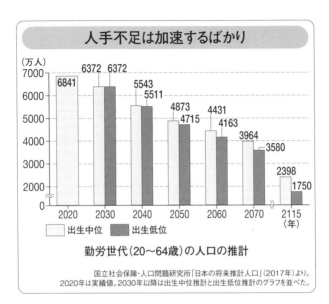

　ロイヤルホストが営業時間の短縮に踏み切ったのは、本格的な人口減少時代への備えであった。従業員の働き方改革の一環として、営業時間の短縮や24時間営業の廃止、年中無休の見直しに取り組んでいったが、

増益となった秘訣は早朝や深夜に働いていた従業員を、ランチとディナー客で忙しい時間帯に集中配置できたことにあった。接客にゆとりが生まれ、サービスの満足度が高まったことが功を奏したのである。

だが、曲がり角を迎えるに至った背に腹は代えられない事情は別にあった。

1つは国民が高齢化し、夜遅くまで消費する人口が減ってきたことだ。もっと分かりやすく言えば、**多くの人が年を取って「体力的に深夜まで起きていられなくなった」**ということである。これこそが「脱24時間」の最大の要因とも言える。

東京都の高齢者はすでに300万人を超えている。社人研によれば2045年には420万人弱になると予測され、東京都もまた深夜まで消費を続けられる世代は少なくなっていく。

深夜まで旺盛に消費する人の減少を実感するのは、東京圏の22時以降の通勤電車だ。都心から郊外に向かう電車に乗って気づくのは、何年も前から〝ぎゅうぎゅう詰め〟の混雑が見られなくなったことである。団塊世代がリタイアし、それに続く世代も高年齢化したためだ。加えて、過労死が社会問題となり働き方改革が進められてきたこともあって、家路につく時間は「コロナ前」から早まってきていたのである。

人手不足の要因は、はくりたばいのビジネスモデル

もう1つの構造的変化は、深夜時間帯に働く人手の不足が深刻化していることだ。少子化に伴って、学生アルバイトをはじめ深夜勤務に耐えられるだけの〝体力の持ち主〟が減ったのである。

だが、人手不足の要因はこれだけではない。深刻なのは、むしろ**24時間営業が売上額の拡大成長を目指す薄利多売のビジネスモデルとなっている**ことである。

深夜時間帯に営業するのだから、本来、タクシーなどのように「割増料金」を徴収してもおかしくない。その分を深夜時間帯に働く人の給与に回せば、人手不足はある程度は解消できるはずだ。しかし、これができないのである。

景気の悪化や国内マーケットの縮小で顧客数が落ち込んだとしても、営業時間を延ばすことで売り上げを維持・拡大させたいという発想で始まったために、「いつも同じ価格で同じサービス」がセールスポイントになっているのである。自分のところだけ、商品価格を簡単に上げるわけにはいかないという心理が働いてしまうのだ。

端的に説明すれば、商品を値上げして賃金を上げたのでは売上額が伸びず、シェア競争に負けてしまうということだ。日本企業はどこまでも売上高拡大モデルの考え方で凝り固まっているのである。

こうしたモデルを今後も続けようと思えば、安い賃金で高いクオリティのサービスを提供できる人材を安定的に確保せざるを得ない。「日本のコンビニエンスストアやファミリーレストランは、手ごろな価格でハイクオリティの品揃えをしていてスゴイ」などと言っていられるのも、相対的に安い賃金で働く人々に支えられてきたからである。

だが、深夜勤務に耐えられる若い年齢の人口が減っていくのだから、これには無理がある。「コロナ前」からその予兆は見え始めていた。かつてはアルバイトを募集すれば、募集人数を大きく上回る応募があったが、近年は募集人数に満たないことも多くなった。店員不足でローテーション勤務が成り立たなくなる店舗が目立ち始め、新規店舗のオープン時期を延期せざるを得ないケースもあったのだ。

若い働き手が激減していく中で、薄利多売型のビジネスモデルのままの24時間営業は続きようがない。それでもこのビジネスモデルを将来的に維持しようというのなら、一部を除いて無人店舗とするぐらいしか方法は残らないだろう。それで顧客自ら冷凍食材を電子レンジで温めるようなレストランが誕生したとしても、流行するかは疑問である。

【問題4】の答え：A

問題5　外国人の受け入れ

外国人労働者を確保できなくなるのは、その国で良質な□□が続々と生み出されているから

Ⓐ資源　Ⓑ雇用　Ⓒ食料

2020年、外国人入国者は前年より□・2％減少

人口減少対策三本柱の3本目である「外国人の受け入れ拡大」については、どうだろうか？

これも、コロナ禍によって対策としての限界が露呈した。

外国人の受け入れについては、旅行者と労働力に分かれるが、まず旅行者に関してだ。

少子高齢化で若い消費者が激減していくためにできる穴を、「外国人旅行者（インバウンド）需要」という外需を招き入れることによって埋めようという極めて分かりやすい、辻褄合わせの考え方である。

インバウンド需要への取り組みについては、ビザ要件の緩和や免税制度の拡充、航空ネ

ットワークの拡大といった改革の旗振りを政府がしてきたこともあって、「コロナ前」は外国人旅行者数は急増傾向にあった。

政府は、「明日の日本を支える観光ビジョン」（2016年）で訪日外国人旅行者数を2020年に4000万人、2030年に6000万人にする目標を掲げ、消費額としてそれぞれ8兆円、15兆円を皮算用までしていた。

ところが、新型コロナウイルスの感染拡大に伴って、外国人旅行者を大規模に受け入れる目論見は完全に崩れ去った。東京や大阪、京都など大変な賑わいを見せていた観光地でもその姿はすっかり消えてしまい、売り上げを当てにしていたホテルや航空、鉄道、飲食などの業界からは悲鳴が上がった。

言うまでもなく、自国の感染拡大につながることを懸念した世界各国が、国境をまたいでの往来を厳しく制限したためである。

その落ち込みは目を覆うばかりだ。出入国在留管理庁の速報値によれば、2020年に**日本に入国した外国人は**430万7257人で、**前年より2687万9922人少なく、86・2％もの減少**となった。入国者数は2019年まで7年連続で過去最多を更新中だったが、2020年は統計を取り始めた1950年以降、最大の落ち込み幅である。

このうち、観光目的は短期出張などと同じ「短期滞在」で、336万8331人（全体の93・

2020年、訪日外国人旅行者は激減した

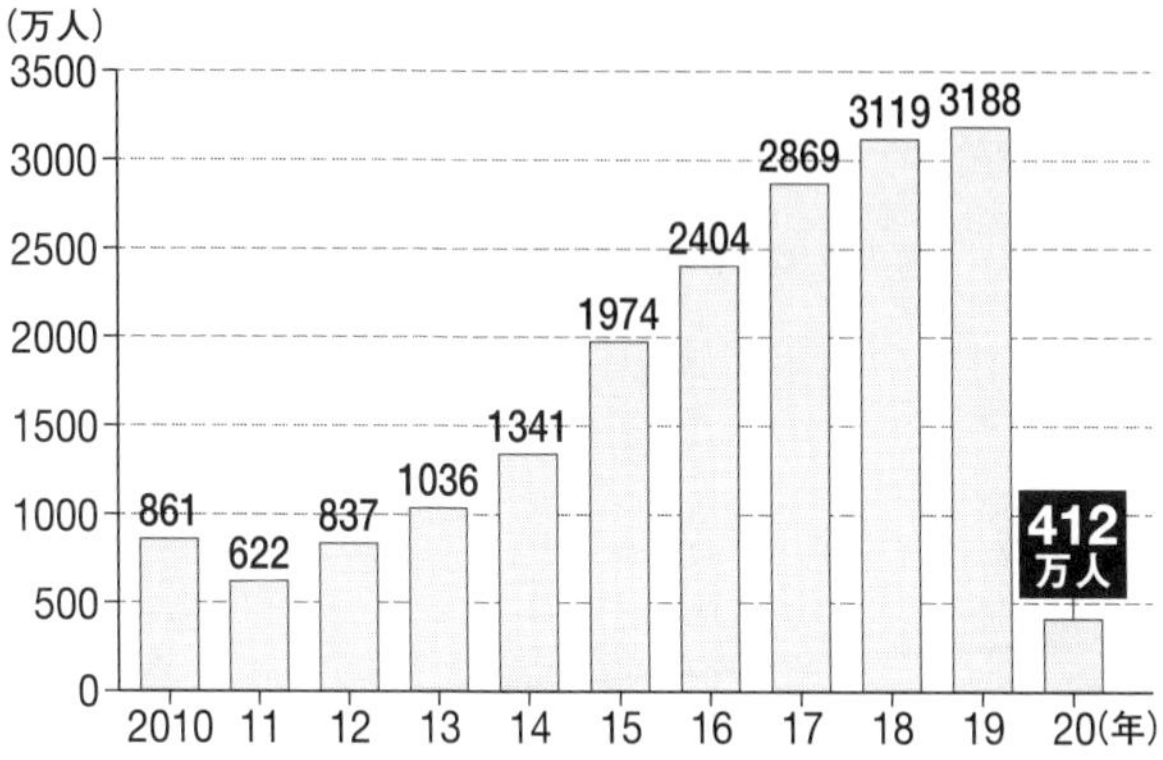

訪日外国人旅行者数の推移

日本政府観光局（JNTO）の資料より

８%）を数えたが、前年の実績に比べると87・９%もの大激減であった。

外国人観光客の激減は、経済効果としても大打撃であった。観光庁の「観光白書」（２０２０年版）によれば、２０１９年の外国人旅行者の受入数は約３１８８万人だ。訪日外国人旅行消費額は４兆８１３５億円に上る。日本国内における旅行消費額（27・９兆円）の17・２%を占めている。東京、神奈川、千葉、埼玉、愛知、大阪、京都、兵庫の８都府県を除く地方を訪れる外国人旅行者も年々増加しており、２０１９年には１８４０万人、旅行消費額も１兆２４６６億円に及んでいた。

成長分野がなかなか誕生しない日本にとって、観光関連産業は数少ない有望な産業として育っていたが、コロナ禍でそのほとんどが吹き飛んでしまったのである。

パンデミックの場合、国ごとの感染状況に違いがあるため、日本国内が収束しても、外国人観光客が「コロナ前」の水準に戻るのに、どれぐらいの時間を要するか分からない。

政府はざいりゅうしかく「特定技能」まで創設した

次に、外国人労働者を見ていこう。政府や企業は人手不足対策として積極的に進めてきた。1995年をピークにして生産年齢人口が大きく減ってきたことは先に紹介した通りだが、とりわけ若者の都会流出に悩む地方にとっては、外国人労働者は〝救世主〟であった。

日本は原則として移民を受け入れていない。このため、政府は「外国人技能実習制度」(日本で技能を習得し母国に戻って活躍できるようにする制度)の趣旨を捻《ね》じ曲げ、同制度を隠れ蓑として実質的な単純労働者を増やし続けてきた。

近年はさらに、勤労世代の人口が減ったこともあり、政府は各業界団体の強い要請を受ける形で、**2019年4月に新たな在留資格「特定技能」まで創設した。**

当面の対象は建設や介護、農業など人手不足が深刻な14職種に絞ってはいるが、一定の日本語能力と技能を持つ技能実習生を「特定技能1号」として、これまで認めてこなかった単純労働に就労可能とする百八十度の政策転換であった。

しかも「特定技能」は2段階方式であり、「特定技能1号」のうち難しい日本語と、建設、造船・舶用工業の2分野で熟練した技能を身に付けた人を「特定技能2号」として、定期的な審査はあるものの、家族の帯同を含めた事実上の永住権まで認めたのである。

政府は「特定技能1号」について、2023年度までに約34万5000人を受け入れることを想定している。移民と極めて近い制度を設けてまで、外国人労働者の確保に躍起になってきたのである。

先述の出入国在留管理庁の速報値によれば、2020年に日本に入国した外国人のうち、「技能実習」の8万3826人（前年比55・6％減）、「留学」は4万9748人（同59・1％減）であった。2019年4月に創設された「特定技能」だけは3197人増の3760人となった。これについては制度初年にあたる前年が極度に低水準であったことが要因であり、「見かけ上」の急増だったに過ぎない。

出入国が難しくなり、数字の上では観光客と同様に外国人労働者についても激減したが、データを調べると意外な結果が表れる。雇われた外国人労働者は増えているのだ。

コロナ禍の影響もあって増加率については13・6％増であった前年より9・6ポイントも低い4・0％増と伸び悩んだ。しかしながら、厚労省の「外国人雇用状況」（2020年

10月末現在）によれば、日本で働く外国人労働者は前年より6万5524人増の172万4328人となった。2007年に届け出が義務化されて以降、過去最高を更新していたのである。

詳細を見ていくと、「宿泊業、飲食サービス業」は前年比1・8％減となり、2007年に届け出が義務化されてから初めてのマイナスとなった。全体の28・0％を占める「製造業」も0・3％減で8年ぶりに前年を下回った。

その一方、「医療、福祉」（26・8％増）、「建設業」（19・0％増）など大幅増となった業種もあった。コロナ禍の影響は産業によって大きな差があり、外国人労働者の雇用にも色濃く反映しているということだ。在留資格別では、コロナで入国が困難になった影響で、前年には24・5％増だった「技能実習」が4・8％増にとどまった。農業で作付けの繁忙期に技能実習生が間に合わず、例年の7割程度の作付けしかできなかったケースもあった。

コロナ禍で出入国が厳しくなったにもかかわらず、2020年の外国人労働者数が過去最高となった背景には、人口減少が進み社会全体としては人手不足が続いていることがある。コロナ不況の影響が小さかった業種を中心に採用増加の流れが継続しているのだ。

国際的な〝外国人そうだつ戦〟が激しく展開されている

これだけでは新規入国者が減ったのに就業者が増えた説明にはならないが、背景には本来ならば母国に戻ったり、別の国に働き口を求めて移動したりしたはずの外国人労働者が、そのまま日本に残っていたことがある。

コロナ禍により母国などで入国制限がかかり、思うように出国できなかったのだ。そうした状況下で、人手不足企業の採用熱が高まったこともあり、コロナ前よりも就業する外国人が多くなったのである。

3年間の実習期間を終えた技能実習生の中で、最長2年間延長できる在留資格「技能実習3号」の取得の動きが広がっている。海外から来た人ではなく、感染拡大で帰国できなかった技能実習生が「特定技能」の在留資格に切り替えて、働き続けているのである。

技能実習制度は1年目の在留資格が「技能実習1号」、2〜3年目が「同2号」で、「同3号」は2号までの実習を修了した後に、技能検定試験に合格するなどで取得できて、比較的取得しやすいとされる。2号や3号の修了者が移行できる「特定技能」の資格者は、2021年2月末時点で2万386人となり、前年同期比で7倍近い水準となった。

コロナ禍にあって母国に戻りたくても戻れないという、あるいは慣れた職場環境で少しでも長く働きたいという外国人労働者側の事情やニーズと、新規の実習生の来日が不透明な状況下で、気心の知れた人を雇い続けたいという企業側の思惑とが一致しているのであろう。「コロナ禍でいつ新しい実習生が来るのか目途が立たない。それよりも日本国内にいる実習生が3号に移行するほうが、雇う側にとっても雇われる外国人にとってもメリットがある」という本音も聞かれた。

コロナ禍をめぐって外国人旅行者と外国人労働者は明暗を分けた形となったが、外国人労働者についても2020年はたまたま大きな下落が見られなかっただけと受け止めたほうがよい。外国人の受け入れが〝水もの〟であることには変わりがない。

そもそも外国人労働者は、「コロナ前」から毎年、安定的に来日し続ける保証などなかった。日本と同じく少子高齢化に悩んでいる近隣諸国が少なくないからだ。**いずれの国も外国人労働者に頼っており、国際的な〝外国人争奪戦〟が激しく展開されている。**

加えて、送り出し国の経済発展やコンピュータの普及が、外国人の来日を不確実にしている。グローバルに事業展開する企業は、人件費の安い開発途上国に高度なコンピュータで管理された工場を建設するようになった。こうした工場では、ほぼすべてをオートメーションで製造するため、そこで働く人たちに製品製造に関する熟練性は必要とされない。

すなわち、外国人労働者の送り出し国内で**良質な雇用**が続々と創出されているということである。いまや言葉の通じない極東の島国に多額の渡航費を支払ってまで働きに行くメリットが薄れてきているのである。

加えて、コロナ禍によって人の往来が困難になった結果、多くの国で人手不足が広がったことである。コロナ不況から回復する国が増えるにつれて、思うように買い物や旅行に行けなかった人々のたまりにたまった繰越需要が噴き出すことが予想される。すなわち、短期的とはいえ世界中に働き口がたくさんできるということだ。

そうでなくとも日本の賃金水準は低過ぎる。日本のコロナ不況からの脱却が遅れたならば、外国人労働者が一気に他国へと流れることにもなりかねない。

パンデミックに限らず、外国人が突如として激減する状況はいつでも起こり得る。送り出し国と日本との間で外交上の摩擦が生じても、人の流れは突然ストップするだろう。

人口減少に伴う国内マーケットの縮小や人手不足を手っ取り早く外国人で帳尻合わせしようという発想の危うさを、コロナ禍が浮き彫りにした。外国人に依存する政策は、いつも「不確実さ」と隣り合わせなのである。

【問題5】の答え：B

問題6　都市と地方経済

地方の企業経営を苦しくさせるのは、自ら需要を捨てるような「地域の□□性」

Ⓐ独創　Ⓑ閉鎖　Ⓒ生産

中都市より□都市のほうが消費支出が落ち込んだ

コロナ禍にあっての消費の冷え込みについてはあまり話題とならないが、大都市圏と地方圏で大きな差が現れていた。

総務省の「家計調査」は都市階級区分として、「大都市」(政令指定都市および東京都区部)、「中都市」(大都市を除く人口15万人以上の市)、「小都市A」(人口5万人以上15万人未満の市)、「小都市B・町村」(人口5万人未満の市および町村)の4つに分けて消費支出をまとめている。

それによれば、意外にも**感染者数が圧倒的に少なかった地方圏のほうが、「大都市」や「中都市」よりも落ち込みが激しかった**のだ。

二人以上の世帯について2021年1月を前年同月と比べてみると、全国平均では6・

8％減だが、「大都市」は3・9％減、「中都市」は5・5％減にとどまった。これに対し、「小都市A」は同9・5％減、「小都市B・町村」は10・4％減と差がついた。人口規模に反比例して減少率が大きくなっていたのである。

もちろん、人口規模だけですべてが決まるわけではない。県庁所在地で比較してみると、30万人弱と似たような規模でも、津市は28・7％減と大きく落ち込んだのに対し、福井市は10・5％減、盛岡市2・4％減と差がついた。山形市（1・2％増）や徳島市（7・3％増）、那覇市（6・5％増）ではむしろ増えている。コロナ不況の影響が小さかった業種を、主産業とする都市で落ち込みが小さかったなどということもあるだろう。

それよりも注目すべきは、人口が密集し感染者が飛びぬけて多い東京都区部は、3・3％減と落ち込みが小さかったことだ。ほぼ「ゼロコロナ」だった鳥取市は9・9％減、島根県松江市は6・5％減であり、はるかに下落率が大きい。感染拡大が経済に与えたダメージよりも、それ以外の要因による引き下げ効果のほうが大きいということである。

背景の1つは、家計収入の落ち込み具合の違いである。

2021年1月と前年同月の実収入（いわゆる税込み収入で、世帯全員の現金収入の合計額）を家計調査で比較してみると、全国平均では3・2％減だが、「大都市」2・1％増、「中都市」1・9％減、「小都市A」8・2％減、「小都市B・町村」11・5％減であった。

津市は28・0％減、甲府市15・1％減だったのに対し、東京都区部は0・5％増と、影響を受けていなかったのである。

二極化が進む「□字経済」が大都市と小都市に反映

「大都市」や「中都市」と小都市との差は、2020年春の最初の緊急事態宣言が解除された後から広がり始めたが、とりわけ同年10月以降に拡大した。「大都市」や「中都市」は同年10～11月になると前年を上回ったが、小都市はマイナスが続いた。

これは地方圏において中小企業で働く人が多いことがある。中小企業庁の「中小企業白書」（2021年版）によれば、民間企業に勤める人のうち中小企業に勤める人の割合は、2016年の集計で鳥取県（94・2％）、奈良県（94・1％）、宮崎県（93・1％）など39道県では80％を超えているが、「大都市」を抱える東京都は41・3％、大阪府は66・9％、愛知県は70・8％にとどまる。

コロナ不況の特徴は、各産業が一律にはダメージを受けなかったことにある。大打撃を受けた企業があった一方で、業績が伸びて過去最高益となった企業が少なくなかった。経済回復の進み方が業界・業種によって極端に分かれ、**二極化が進む「K字経済」が、大都市と小都市に反映した**ということだ。

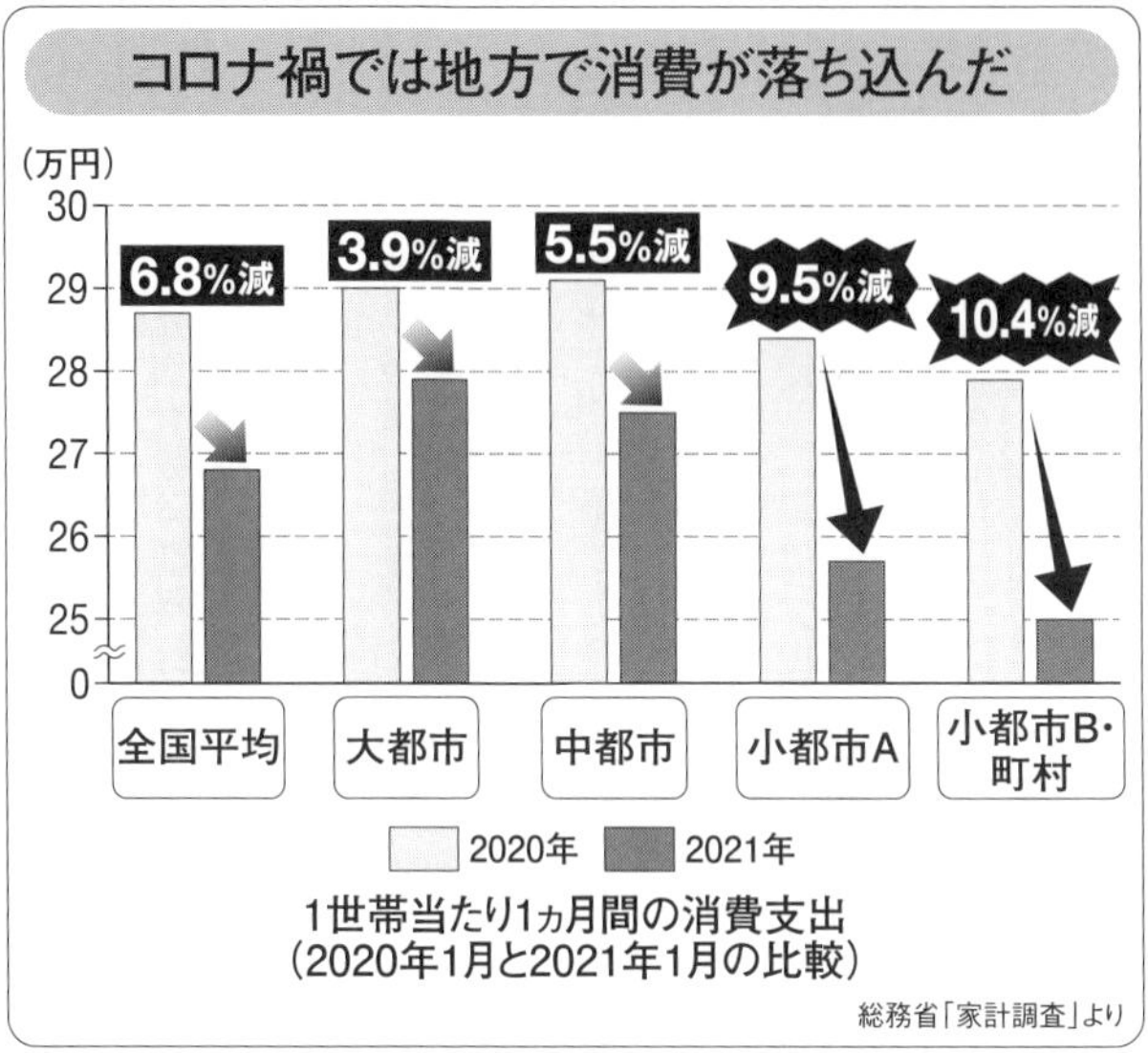

1世帯当たり1ヵ月間の消費支出
(2020年1月と2021年1月の比較)
総務省「家計調査」より

大都市には大企業に勤める人が多いが、コロナ不況の影響を受けなかった人もいた。ボーナスがアップした高所得ビジネスパーソンや急速な株高で利益を上げた投資家も多く、こうした人たちを中心に消費が伸びたのである。

タワーマンションは飛ぶように売れ、百貨店などでは宝飾や時計、ラグジュアリーブランドのハンドバッグなど高額品が好調であったことが何よりの証拠だ。

一方、小都市では、感染の拡大から半年以上が経って経営苦境に陥った中小企業が増えてきたということだろう。雇用調整や給与を抑制する動きが広がり、そこで働く従業員の家計に大きな影響を及ぼした形だ。

日本人国内旅行消費額は前年比□・9％減

地方圏には、コロナ不況で著しく疲弊した観光業に大きく依存しているところも少なくないことも理由だ。国交省などによれば、国内旅行消費額が名目GDPに占める比率は地方圏のほうが大きい。観光庁の「旅行・観光消費動向調査」の2020年年間値（速報）によれば、**日本人の国内旅行消費額**は9兆8982億円にとどまり、**前年比54・9％減**となった。

国交省の資料は、2020年12月末時点で宿泊施設のうち85％が資金繰り支援を受け、89％は雇用調整助成金を活用したとしている。貸切バス会社も同年12月時点で「運送収入が50％以上減少」が33％に及ぶなど、厳しい状況が継続した。この数字は大都市圏の企業も含むが、地方圏にある観光関連企業の窮状を伝えるに十分な数字だ。

これらの理由に加えて、地方の企業経営を一段と苦しくさせたのが**「地域の閉鎖性」**だ。これも「社会の老化」と深く結びついている。

「地域の閉鎖性」とは、地方特有の〝過剰な警戒心〟のことである。大都市圏から出張で地方圏の得意先に出向こうとして断られたという苦い体験をした人も多かっただろう。

人口密集地の大都市圏が先行する形で感染者が増えたこともあり、地域を守ろうという意識が働いたのである。他県ナンバーの乗用車を傷つけるような犯罪行為は論外だとしても、県職員が先頭に立って、主要駅や高速道路のインターチェンジに検温所を設けるといった、江戸時代の関所さながらの取り組みも見られた。東京などへの出張から戻った人に対して、帰国者と同じように2週間の自主隔離を求めるといった県もあった。

さらには「東京から来る人＝感染者」とばかりに、店先に「東京圏のお客さんはお断りします」といった露骨な貼り紙を掲げた飲食店も一軒や二軒ではなかった。科学的根拠など無視であるが、人権団体から批判の声が挙がることもなく、「こんなご時世だから……」という理屈が支配したのである。

住民に必要以上に恐怖心を植え付けた結果、東京都などに緊急事態宣言が発出されると、遠く離れた県にある繁華街の飲食店から客の姿が消えてしまったり、感染者がほぼゼロの地方のイベントが中止されたりということまで起きた。

地方には医療態勢が脆弱なところが多く、感染者が増えたら困るという事情は理解できるが、自ら需要を捨てているようなものだ。「ゼロコロナ」の実現と引き換えに失うものはあまりに大きい。消費の低迷が企業の悪化を招いて給与カットにつながり、一段と消費が冷え込んでいく悪循環が続くことになる。家計収入の減少もまた、「地域の閉鎖性」がもたらしているのである。

行き過ぎた対応を見せた自治体は、〝排他的な土地柄〟といったマイナスイメージを観光客や大都市圏のビジネスパーソンなどに植え付けるに十分であった。感染が収束したら手の平を返すように、今度は訪問してくれと呼びかけるのだろうか。

感染者数を抑え込んだ結果、地域経済が長期低迷に陥り、地方創生もままならなくなったというのでは元も子もない。地方圏は「ゼロコロナ」ではなく、「withコロナ」を目指さなければ生き残れない。

【問題6】の答え：B

問題7　人材不足

DXは人口減少対策の切り札となるか？
そのカギを握るのは、□□□リングの成否

Ⓐ リスキ　Ⓑ リカバ　Ⓒ シェア

目指すべきはV字ではなく「□の字回復」

政府や経済界はコロナ不況からのV字回復を目指している。だが、少子化の加速や高齢者の消費マインドの冷え込みを考えれば、それはやめたほうがよい。仮に、V字回復を実現できたとしても、人口減少によって長続きしないからだ。

コロナ禍は人口減少後の日本社会を予告編の如く見せたと先述したが、多くの人は人口減少後の社会がどんなものか体感しただろう。V字回復してから再び縮むのは大変である。縮小を余儀なくされた現状から、そこそこの水準へと戻すほうが労力は少なくて済む。

目指すべきは人口減少を織り込んだ水準であり、**「レの字回復」**がよい。

それには、量的拡大のビジネスモデルから脱却する必要がある。代わりに、高付加価値

化と生産性向上を図ることで、少量販売でも利益高をアップさせる「人口減少型ビジネスモデル」へと変わることだ。コロナ禍のような社会ショックに見舞われたタイミングこそ、劇的な転換にはもってこいである。

幸いなことに、「人口減少型ビジネスモデル」における〝武器〟である**デジタルトランスフォーメーション（DX）**が、コロナ禍の「非接触」ニーズの高まりとともに進み始めている。それに伴い雇用制度の見直し気運も盛り上がってきた。ここからはビジネスの現場に起こった変化を取り上げ、人口減少対策としての意味を見ていく。

コロナ禍に〝びんじょう〟した「黒字リストラ」？

コロナ禍にあってビジネス面では、**大企業の早期・希望退職者募集の広がり**があった。東京商工リサーチによれば、２０２０年に募集に踏み切った上場企業は93社に上り、リーマンショック直後の２００９年の１９１社に次ぐ水準だ。募集人数は２０２１年１月時点において判明した80社分だけで、２０１２年の１万７７０５人を超える１万８６３５人に達した。

驚くべきは、直近の本決算が赤字だった企業が93社のうち51社（54・８％）にとどまったことだ。残りは赤字決算ではなかったということになる。

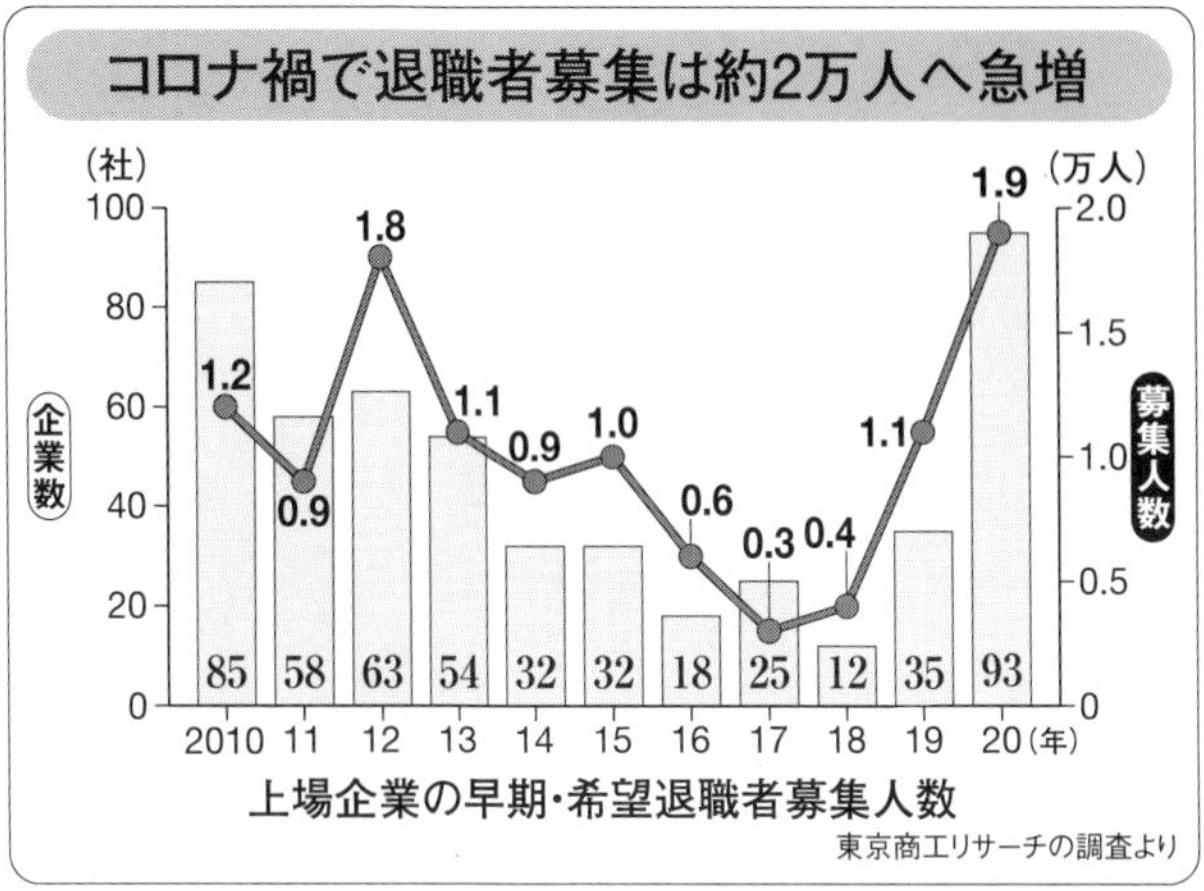

中には、赤字転落とまではならなかったが業績が大幅に悪化し、次年度以降を見据えた事前防御として、リストラに踏み切らざるを得なかったという企業もあるだろう。だが、経営基盤の弱い中小企業とは異なる。即座に早期・希望退職者を募集せざるを得ないほど経営的に追い詰められている企業ばかりとは思えない。

「コロナ前」においては、内部留保をためこんでいる企業は多かった。コロナ禍にあっても株式市場の好調さを受けて保有資産の大幅な含み益が出た企業もあった。収益がそれほど悪化していないにもかかわらず、**コロナ禍に〝便乗〟する形で、「黒字リストラ」を行った企業が結構含まれていた**と見られる。

「黒字リストラ」が本格化したのは「コロナ前」の2019年だった。東京商工リサーチによれば、2019年に早期・希望退職者を募集した上場製薬企業4社のうち3社の直近決算は増収増益だった。また、2019年時点で、翌年以降の早期・希望退職者の募集を表明していた9社のうち7社を業績が堅調な業界大手が占めていた。

誤解なきよう述べておきたいが、「黒字リストラ」が悪いと言いたいのではない。人口減少社会に備えるには絶え間なく組織を見直さざるを得ず、むしろ急ぐ必要がある。2019年に「黒字リストラ」を行う企業が増えたのも、少子高齢化による国内マーケットの縮小と働き手不足が避けられなくなってきていることへの危機感からであった。消費の低迷を見越し、経営体力のあるうちに既存事業の見直しを行おうということだ。

OECD（経済協力開発機構）の賃金に関する調査が話題を呼んだことを覚えている人も多いだろう。2019年の平均賃金（年収）について、アメリカが6万5836ドル、ドイツが5万3638ドルだったのに対して、日本は3万8617ドルと大きな差があったのだ。それればかりか、韓国（4万2285ドル）にまで抜かれていたのである。

日本の労働生産性の低さが数字としてはっきり現れたのだ。これから述べるDX推進の背景には、これをなんとかしなくてはならないという危機感がある。

政府がDXをすいしょうする理由

企業が「黒字リストラ」の向こうに見ているものが、DXである。DXは政府がかねてより**「第四次産業革命」への移行として推奨してきた**ことだ。

DXをきわめて簡単に説明すれば、データやデジタル技術を活用することで組織やビジネスモデルを根底から変革しようという試みだ。人間が担ってきた仕事を単純にコンピュータに置き換え、作業をオートメーション化することで業務の効率性を高める「IT化」とは根本的に異なり、新たな価値を創出する製品やサービスを生み出すことで、競争上の優位性を確立しようというのである。

DXが進んでくれば、産業構造自体が大きく組み替えられることとなる。異分野の企業が連携し、全く想定していなかったビジネスへの転換を迫られることもあるだろう。これまで畑違いと思っていた企業が、突如ライバルとなって登場するかもしれない。経営規模にかかわらず、すべての企業・組織が何らかの形で巻き込まれていくであろう。

DXが期待を集めるのは、経済成長につながるだけでなく、人口減少対策としても極めて有効だからである。少子化に伴って若い働き手は年々減り続け、終身雇用や年功序列といった日本型労働慣行を維持することは難しくなってきている。他方、総人口の減少は国内マーケットの縮小に直結する。

若手社員の減少によるマンネリを打破し、内需依存から脱却するには、生産性の向上と高付加価値製品・サービスへのビジネスモデルの転換が不可欠だが、産業構造を再編し、働き方を大きく変え、成長分野を創造し得るＤＸは、人口減少対策の「切り札」である。

ＤＸも、その前段である「黒字リストラ」も、コロナ禍が新たにもたらしたものではない。ほかの変化と同じく、コロナ禍は背中を押しているだけだが、コロナ禍を契機として急速に広まっていくことだろう。

年間12兆円の経済損失が生じる「2025年のがけ」

ここで、ＤＸの経緯を簡単に振り返っておこう。「ＤＸ時代」の到来を強く印象付けたのは、三大メガバンクが大規模リストラ計画を相次いで表明した２０１７年であった。翌年には、経済産業省の報告書が、**「ＤＸを推進しなければ２０２５年以降、年間最大12兆円の経済損失が生じる可能性がある」**と警告した。いわゆる**「２０２５年の崖」**である。

２０１９年にデジタル改革に対応できない中高年の社員を中心とした「黒字リストラ」が急速に広まったのも、こうした流れを汲んだものであった。

一連の動きを見ると、２０２０年も業績立て直しのためのリストラがあった一方で、組織の新陳代謝を図ることを目的としたリストラも続いていた、と考えるのが自然だろう。

DXについては、国内でもかなり具体的な動きが増えてきていた。例えば、下着メーカーのグンゼはNECと提携して、消費カロリーや心拍数といった生体情報を着るだけで計測できる肌着を開発し、利用者の体調管理などの新規ビジネスへの発展を図っている。

丸井グループはリアル店舗を持たない小売りブランドなどとの協業によって、「モノを売らない店」への転換を進めている。「体験を提供する店」とすることで価値を高めることはもとより、顧客が店内でどう動いたかをデータ化してニーズの開拓につなげようというのである。カメラメーカーには業務内容をガラリと変えてしまったところがある。自動車メーカーも異業種との連携が目立つ。

一方で、大きく後れを取っている分野もある。例えば医療界だ。オンライン診療が十分に普及しないことはもとより、医療機関ごとに患者データを抱え込み、別の医療機関で診察を受けるたびに一から検査をする状況が改まらない。こうした「検査の重複」はいまだ医療費の無駄遣いとして指摘され続けている。そして、コロナ禍にあって最も遅れていることがあぶり出されたのは行政機関であった。

コロナ不況対策として実施された特別定額給付金をめぐっては、申請こそオンラインでも受け付けたが、結局はそれを紙に印刷し、自治体職員が手作業で不正がないか確認したため、給付が大幅に遅れたことは記憶に新しい。子供たちにタブレットが行き渡らず、オンライン授業ができなかった学校も多かった。

だが、民間企業も、積極的に推進し成果を上げてきたところは少数派だ。内閣官房の資料によれば、2020年10月時点でDXに取り組む日本の大企業は28%にすぎず、米国の55%と比べてもかなり少ない。DX推進の目的についても、「IT化」レベルの発想から脱し切れていないのだ。

米国企業は「新規事業/自社の取り組みの外販化」(46・4%)が最も多いが、日本の大企業は「業務オペレーションの改善や変革」(41・0%)が最多だ。日本の場合には経営層の意識が低い企業が少なくなく、極めて遅れているのである。行政のお粗末さを笑えた義理ではない。

各企業とも出遅れを取り戻すべく、政府を挙げてのデジタル改革ブームを逃すことがないよう、流れに乗っていきたいということだろう。

しょうじん化が進み、失業者が増大する

しかしながら、DXの推進には大きく3つの課題が横たわる。

1つは、**「先端IT人材」の不足**だ。DXを成功に導くためには専門性の高い「先端IT人材」が必要となるが、少子化が進む日本においてはそうした人材が圧倒的に少ない。

経産省の委託調査「ＩＴ人材需給に関する調査（みずほ情報総研）」（２０１８年度）では、２０３０年には従来型のＩＴ人材が9万６５００人ほど余るが、先端ＩＴ人材は54万５０００人ほど足りなくなると試算している。現在、各企業が抱えているＩＴ人材では対応しきれないということである。

ＤＸの推進には、「プロデューサー」（リーダー格の人材）、「ビジネスデザイナー」（企画・立案などを担当する人材）のほか、「アーキテクト」（システム設計をする人材）、「データサイエンティスト／ＡＩエンジニア」（データ解析に精通した人材）、「ＵＸデザイナー」（システムのユーザー向けデザインを担当する人材）といった専門人材が必要になる。

独立行政法人「情報処理推進機構」の資料が、東証一部上場企業１０００社へのアンケート調査（２０１８年12月）を紹介しているが、すべての職種で「大いに不足」が最も多くなっており、「プロデューサー」「データサイエンティスト／ＡＩエンジニア」はそれぞれ51・１％、「ビジネスデザイナー」は50・０％に達している。

各企業がすでに雇用している技術者を「先端ＩＴ人材」へと育成したり、ヘッドハンティングや業務委託を強化したりすることが求められる。優秀な人材の確保には高額な報酬も必要で、そうした分野に経営資源を大きく割かざるを得ないということだ。人材の争奪戦はすでに激しさを見せており、「黒字リストラ」を行った企業には、データ解析やマーケティングなどの領域で不足する人材を確保するため、早期・希望退職で減った人数と同規模の中途採用をしたケースもあった。多くの企業が「黒字リストラ」を急ぐ真の理由がここにある。

2つ目の課題は、**過渡期における失業者の増大**である。人工知能（AI）やロボットが進歩することによって、定型労働だけでなく非定型労働においても**省人化が進むことが予測されている**。

DXは少子高齢化に伴う勤労世代の不足を解消するという恩恵をもたらす一方で、バックオフィス業務といった、これまで多くの雇用を生んできた「従来型のミドルスキル」しか持たないホワイトカラーの仕事を大きく奪っていく可能性が大きいのである。

経産省の資料によれば、米国ではデジタル改革によって機械に代替させやすい「ミドルスキルの仕事」が減少した一方、デジタル化するより人を雇用したほうが安くつく「低スキルの仕事」や、デジタル化が難しい「高スキルの仕事」が増加するという労働市場の両極化が進んだ。日本においても、同様の傾向が見られるようになるだろう。

それは、DXが進んでいる三大メガバンクがすでに証明している。支店の統廃合や窓口業務の見直しによって事務職などの配置転換が行われているのだ。みずほフィナンシャルグループにおいては、希望する社員に「週休3日」や「週休4日」を認めるという思い切った策に打って出たが、各行ともかなり大がかりな組織再編を迫られている。

2030年、AIが進展しても□万人の人手不足に

これについては、厚生労働省の「労働経済の分析」(2017年版)がAIの進展による2030年までの就業者への影響を分析しているが、製造業は161万人減るものの、非製造業は1万人の減少にとどまるというのだ。

具体的には、生産工程従事者(187万1000人減)、事務職(78万5000人減)、運搬・清掃・包装等従事者(73万6000人減)といった定型的な業務を中心とする職種が減る。

これに対して、ホームヘルパー、介護職員(107万9000人増)、販売従事者(46万5000人増)、技術者(45万3000人増)など、人間的な付加価値が求められる職種や高い技術力を求められる職種ではむしろ増えるとしている。

過去の技術革新は、必ず新たな職業や業務を生み出してきたが、総務省の「情報通信白書」(2018年版)も「AIの登場により新しく生まれる職業などに就く人が増加する」との見方を示している。DXが進展してくるにつれて、ミドルスキルの人材が中心的な役割を担う新たな雇用ニーズが生み出されると見ている。

経済産業省の「新産業構造ビジョン」(2017年)は具体的人数を試算している。現状

のままでは、２０１５年度から２０３０年度にかけて従業者数は７３５万人減少するが、創出される仕事の中核を担う人材が増え、１６１万人の減少にとどまるというのだ。

とはいえ、１６１万人でも非常に大きな数字である。これに対しては先述の「労働経済の分析」が興味深い試算を紹介している。**ＡＩの進展などによって２０３０年の就業者が約１６１万人減っても、**少子高齢化に伴って勤労世代（20～64歳）がそれ以上に少なくなることから、むしろ**約64万人もの人手不足になる**というのだ。

デジタル化による雇用への影響については、２０１５年に野村総合研究所がオックスフォード大学の研究者との共同研究で、10～20年後に日本の労働力人口の49％がＡＩやロボットなどで代替可能になると推計し、大きな反響を呼んだ。これを受けて、当時は失業者の増大に備えてベイシックインカムの導入が必要といった声も挙がったが、デジタル化によって街が失業者で溢れかえるような事態にはなりそうもない。

むしろ、われわれが急ぐべきは第一に64万人の人手不足をどう補っていくかであり、第二は過渡期に仕事を奪われる人が出てくることへの対応だ。産業や職種によっては完全に仕事を奪われたり、思う仕事に就けないというミスマッチが起こったりもするだろう。政府は、雇用の流動化が起きる中で職を奪われた人が、スムーズに次の仕事を見つけられるようサポート体制を強化することが求められる。

求められる能力は、データかいせき力

3つ目の課題は、DXは、**先端IT人材をたくさん集めただけで事足りるわけではない**ことである。

専門組織をつくったものの、経営戦略にまで落とし込めていない企業は多い。経営課題とデジタル技術を結びつけて説明できる「ビジネストランスレーター」という人材が不在なためだ。DXを活かしていくには、技術開発に直接携わらない一般の社員も、DXの利便性や「DXによってどのようなことができるようになるか」といった事業の展望をしっかりと理解していなければならないのである。

DXが進めば、異分野の企業が連携して全く想定していなかったビジネスへの転換を迫られることにもなり得ると先述した。だが、DXの基盤だけ整えてみても、ビッグデータの解析やマーケティングに活用するという発想がなくて使いこなせないのでは、「IT化」と同じく作業の省力化や効率化を実現するだけにとどまり、ダイナミックなビジネスの発展に結びつけるチャンスを見逃す。これでは宝の持ち腐れだ。

そうならないようにするには、既存の戦力がDXのセンスを身に付けられるようにすべく、**「リスキリング」**（再訓練）をすることだ。仕事の在り方を根本から変革するDXが「新

たな業務」を生み出すことはすでに述べたが、リスキリングは新たな業務へと移る人にとっても不可欠である。

各企業とも、〝従来型のＩＴ人材〟はもとより、仕事がなくなる職種の人々を一刻も早く「新たな業務」の戦力として育成することが求められているのである。

というのも、少子高齢化で若い世代が減っていくからだ。さらには、多くの企業がＤＸに乗り出し、それぞれで新たな業務が創出されるのである。新たに業務が創出されるたびに新規採用をしようにも、若い世代を集めることは簡単ではない。ＤＸで仕事を奪われた人をすべてリストラするのは、大きなリスクを伴うということだ。

それよりも、まずは自社社員にしっかりとリスキリングを行うことで、新たな「適材」として再生させて「適所」にコンバートさせたほうが効率的であろう。

例えば、今後**求められる能力の1つに「データサイエンティスト」のようなデータ解析力がある。**ＤＸはさまざまなデータを結びつけていくが、結びついたデータが何を物語っているのか、経営課題にどう落とし込めるのかを読み解けないのでは全く意味がない。

結びついたビッグデータの中から有益な予測を見出すには、幅広い知識や、いろいろな角度からデータを見る視点が必要となる。実務経験がある人ならではの気づきも多い。既存の戦力がリスキリングでデータを読み解く力をつけたなら、組織の底上げとなる。

とはいえ、リスキリングのプログラムを各企業が個別に用意し、実施することはコスト面からしても困難である。DXがかなりの数の人々に仕事を変わることを迫る以上、政府主導で基盤を作るしかないだろう。その上で企業間の協力を進め、官民連携によってコストの引き下げや受け入れ規模の拡大を図ることである。

いまや国際間競争に臨むにはDXは必須であり、そこで確実に成果を上げるしか日本の勝ち目はない。若い人が減っていく以上、状況の変化に柔軟に対応できる人材を育成していくことは避けられない。DXの基盤の整備と同時に、リスキリングの成否が日本の浮沈のカギを握っているのである。

55歳以上の男性非正規雇用者が減ったゆえん

早期・希望退職者募集が成り立つのは、応じる従業員がいるからであるが、辞めた中高年の再就職はうまくいっているのだろうか？

個々人の「その後」を追跡することはできないが、政府の各種データからは中高年の雇用をめぐる変化が見えてくる。実は、コロナ禍にあって正規雇用は増えていたのである。

「労働力調査（基本集計）」（2020年平均）によれば、45〜54歳、55〜64歳はともに前年比20万人増である。2019年の55〜64歳は14万人増だったので、コロナ禍においてむしろ増え幅が大きくなった形だ。

55〜64歳を男女別で調べる男性は13万人増、女性は7万人増だ。男性は2019年の9万人増から大きく伸びていることが分かる。

「ミニ経済白書」と呼ばれる内閣府の「日本経済2020―2021」（2021年）が、55歳以上の男性について正規雇用から非正規雇用へ推移する確率を示しているが、2017〜2019年の平均値は3・69％だったのが、2020年は3・35％へと下がった。正規雇用者が増えたぶん、55歳以上の男性非正規雇用者は減ることになったのだ。


その所以《ゆえん》は2つある。 1つは**同一労働同一賃金の導入**だ。これまでは正規雇用者が定年を迎えると、非正規雇用に切り替わって働き続けるケースが多かったが、同一労働同一賃金の導入によって、正規雇用として継続雇用されるケースが増加したとみられる。

日本・東京商工会議所が2020年2〜3月に実施した「人手不足の状況、働き方改革関連法への対応に関する調査」によれば、同一労働同一賃金への対応に目途のついている企業は46・7％にとどまるが、対応の方法としては、「非正規社員の基本給や賞与、手当等の処遇改善」が47・5％、「非正規社員の正社員化」が27・1％だ。

もう1つの要因は、**人手不足**である。人手不足感はコロナ不況により低下はしたが、慢性的な人手不足状態は続いているのだ。日銀短観の雇用人員判断ＤＩ（2021年3月調査）

によれば、全規模および全産業で人手不足となっている。全規模の合計で見ると、とりわけ非製造業がマイナス20%ポイントと不足感が強まっている。

「コロナ前」に採用に苦労した企業などでは、本格的な経済活動再開を見越して早めに確保しようというところもあるのだろう。

ＤＸに備えて組織のスリム化を急ぐ企業がある一方で、接客業、コンテンツ産業といった労働集約型産業や、デジタル化したほうがむしろコストが高くつく「低スキルの仕事」が主である産業では、企業の採用意欲は高いのである。早期・希望退職した人の中にも、こうした産業へ転職した人が少なくなかったことだろう。

外国人労働者の確保も見通せず、多くの企業がコロナ後は「55歳以上の男性」に限らずあらゆる年代を対象として人材の獲得に動くことが予想される。

他方、若くして辞めた人を再び正規雇用として受け入れる企業も増加傾向にある。転職後に身に付けたスキルや経験を取り込もうということだ。即戦力の中途採用だけでなく、退職者の力を経営に生かすべく、大学のＯＢ会さながらに退職後のつながりを維持するための「退職者ネットワーク」を立ち上げる企業も登場している。「雇用の流動化」は思ったより早く、そして大きなうねりになるかもしれない。

【問題7】の答え：A

問題8　多様な働き方

「ギグワーク」「従業員シェア」によって、経営課題の「組織の□□化」が解消する

Ⓐ 活性　Ⓑ 流動　Ⓒ 硬直

「在籍型しゅっこう」のメリットと優遇措置

コロナ禍にあって目に見えて増えたのが**ギグワーカー**の存在である。「従業員シェア」も目に付くようになった。こうした働き方も「コロナ前」からあったものだが、コロナ禍が背中を押した形だ。アフターコロナに向けて、「多様な働き方」の拡大が予感される。

「ギグワーカー」とは聞き慣れない言葉だが、インターネットなどで単発の仕事（ギグワーク）を請け負う働き方をする人のことである。街角で見かける、自転車やバイクで料理を届けるサービスなどが代表格だ。

企業にとっては需要の増減などを見ながら随時発注できるメリットがあることから依頼件数は多く、会社員などの副業として広まっている。仲介する事業者も増えており、ソフ

ト開発やデータ入力など仕事の種類が多彩になってきた。

他方、「従業員シェア」は、**「在籍型出向」**とも呼ばれるが、稼働率が著しく低下して事業の縮小や休業を余儀なくされた企業の従業員を、人手不足が続く他業界の企業が出向者として受け入れるシェアリング型一時雇用のことだ。あくまで出向なので雇用は維持され、一定期間を経たら出向元の会社の仕事に復帰する。

出向者への給与は受け入れ企業と出向元企業とで捻出するので、出向元企業としては人件費を抑制できる。結果として、大規模な休業やリストラも避けられる。受け入れ企業も一時的な需要増に即座に対応できるとあって、双方にメリットがある。

感染が拡大し始めた２０２０年春には、営業自粛に追い込まれた居酒屋チェーン店の従業員がスーパーマーケットの売り場で働くといった事例が見られたが、コロナ不況が長期化するにつれて大企業同士の大規模な提携も増えてきた。

家電量販店のノジマの場合、日本航空や全日本空輸などから、販売部門やコールセンター業務の要員として受け入れた。出向者の一部が転籍するケースもあり、新たな雇用流動化策としても注目されている。

厚生労働省も「従業員シェア」について雇用危機を防ぐ安全網として位置づけており、出向元企業と受け入れ企業の双方を対象とした「産業雇用安定助成金」を創設した。新型コロナウイルス感染症の影響で一時的な事業活動の縮小に追い込まれた企業が「在籍型出向」を実施する場合、1日1万2000円を上限として中小企業は最大90％、大企業は最大75％を助成する。

賃金のほか教育訓練や労務管理費など出向中に必要となる経費の一部を助成。これに加え、初回支給時に従業員1人当たり原則10万円を双方の企業に助成するというのだ。

副業・兼業を認めている企業は□・6％

以上のように、ギグワークと従業員シェアとでは、仕組みも普及してきた経緯も異なるが、「就社」を当たり前としてきた長年の日本型労働慣行に一石を投じたことでは共通する。

厚生労働省の集計によれば、解雇や雇い止めにあった人数は2020年の累計で7万9522人（見込みも含む）に上った。2021年に入っても増加傾向は続いており、4月時点で10万人（見込みも含む）を超えている。

総務省の労働力調査によれば、2020年度平均で完全失業者は198万人を数え、前年度比で36万人増えた。厚労省の「一般職業紹介状況」によれば2020年度平均の有効求人倍率は1・10倍で、前年度に比べて0・45ポイント低下。雇用の先行指標となる新規求人（原数値）を見ても、2021年3月時点でもなお前年同月比で0・7％減だ。対面型サービスの業種を中心に厳しい状況が続いている。

ギグワークについては、かねて低所得者や学生のアルバイトなどが中心だったが、コロナ不況で失職したり、収入が減少したりした人たちが、生活費の不足を補うため大量に流れ込んだのである。

こうした〝追い込まれ派〟の一方で副業・兼業を積極的に意義付ける人も増えている。

副業・兼業者が増えたのは、テレワークが普及したことも大きい。通勤に使っていた時間の減少や、仕事の段取りを自分自身でコントロールしやすくなったことで、隙間時間を副業・兼業に充てられるようになったのだ。郊外の住宅街でも自転車やバイクで料理を届ける人の姿を見かけるようになった。

自宅でできる仕事ならば、全国各地はもちろん海外の仕事でも受注できる。育児や介護との両立も可能だ。「1社を頼る働き方は不安」といった動機で始める人や、スキルアップ派が少なくないのだ。

企業側の思惑も副業・兼業の広がりを後押ししている。コニカミノルタ、花王、カゴメ、ロート製薬といった大企業を中心に解禁の動きが続いており、「時代の要請」となってきた。就職情報大手の「マイナビ」が２０２０年10月に発表した「働き方、副業・兼業に関するレポート（２０２０年）」によれば、**副業・兼業を認めている企業は49・6％に及**

び、今後導入予定の企業、さらに拡充すると回答した企業も含めると57・0％に上る。

認めることにした理由は、「社員の収入を補塡するため」（43・4％）がトップである。コロナ不況の影響が読み切れず容認した企業もあるだろうが、コロナ後にDX推進に伴う組織の再編が避けられず、職種転換やリストラを見越した動きという側面もあるのだろう。

「副業元年」は20□□年

企業には、さらに踏み込んだ動きも登場してきている。

これまでは各企業の「解禁」の有無に関心が集まってきたが、他業種の優秀な人材を新規事業や企画部門の「副業人材」として積極的に公募し、斬新なアイデアを取り込もうという取り組みだ。ライオンやダイハツ工業など大企業に増えてきたのである。

ヤフーの場合には100人程度の募集に対し、4500人以上の応募があったという。

こうした動きの背景には、少子化が進み優秀な新卒者の採用が年々難しくなってきていることがある。人口減少社会においては、**社員の高年齢化による「組織の硬直化」が新たな企業経営の課題になる。**

他社の優秀な人材や専門家を業界の垣根を越えて「シェア」することで、**組織を活性化させようということだ。**こうした取り組みが成果を上げたならば、副業・兼業はポジティブな

副業・兼業の容認理由は「社員の収入補填」が1位

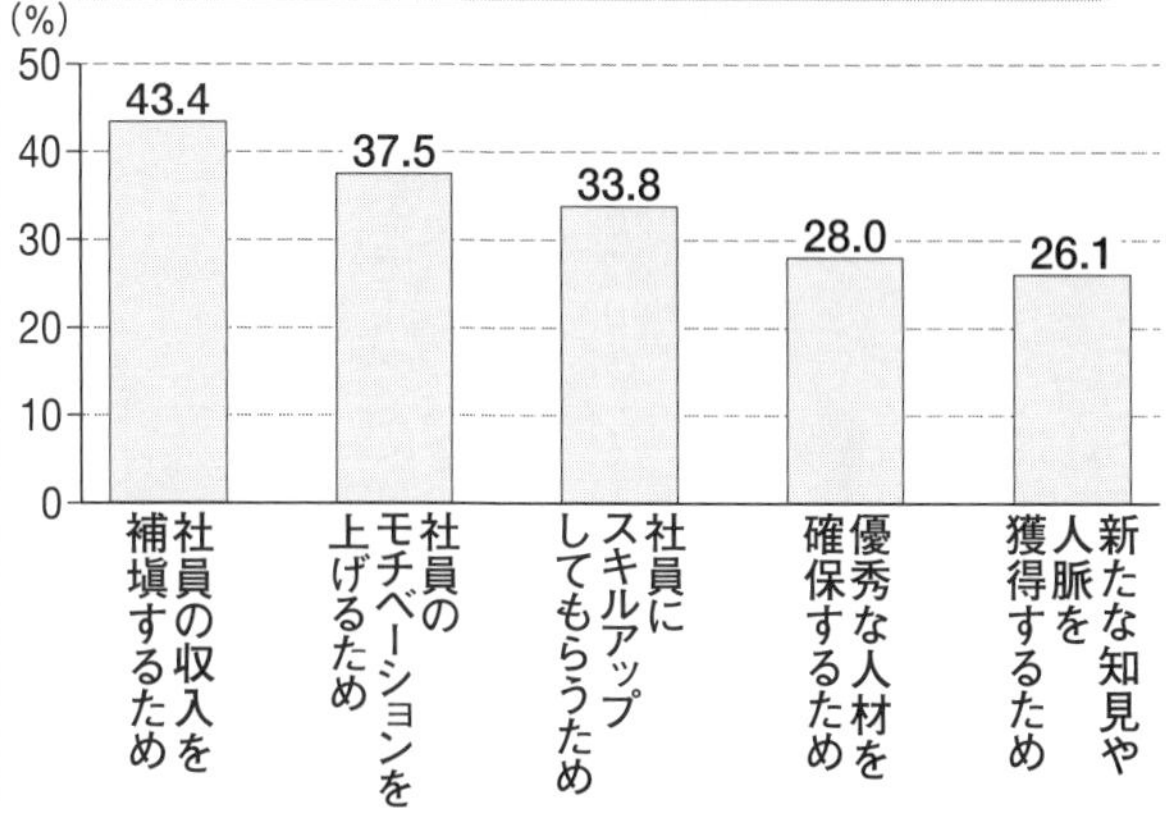

副業・兼業の導入理由の上位

「マイナビ」のレポート（2020年）より

手法として一気に普及することだろう。

　さらに、副業・兼業が、社会のシステムとして組み込まれてきている側面も見逃せない。内閣官房「フリーランス実態調査結果」（２０２０年２〜３月）によればフリーランスは４６２万人で、このうち副業者は２４８万人であった。現時点ではもっと大規模であろう。２０２０年６月の内閣府の調査では、29％がコロナ禍において将来の仕事や収入について考えるようになり、副業を検討し始めた人も９％だった。

　クラウドソーシング大手の「ランサーズ」が２０２０年８月に発表した「在宅勤務推奨時における副業・複業者のサービス利用状況調査」でも、副業者のうち30・8％は感染拡大が始まった２０２０年2月以降に副業を開始したと回答している。

仲介業各社への新規登録者も前年に比べて大きく伸び、20代から管理職などの役職者まで幅広い年代が強い関心をもっているとのデータもある。すでに社会にとって「なくてはならない存在」となっているのだ。

会社員の副業・兼業の解禁については、政府も「コロナ前」から旗を振ってきた経緯がある。**２０１８年**に厚生労働省が「モデル就業規則」から「許可なく他の会社等の業務に従事しないこと」という一文を削除したのだ。ただ、**この年は「副業元年」とも呼ばれた**が、爆発的に普及するまでには至らなかった。

そうした意味では現在の盛り上がりは、少子高齢化対策を推進するうえで歓迎すべき流れだともいえる。

政府は改めて副業・兼業をしやすい環境づくりに力を入れ始めている。たとえば、ギグワークは個人事業主の扱いとなるため、労働基準法や雇用保険が適用されない。大ケガや病気などのリスクはすべて個人として背負う。対価が支払われなかったり、無理な納期を押し付けられたりといった悪質なトラブルも横行してきた。

前出の「フリーランス実態調査結果」によれば、業務内容や遂行方法について具体的な指示を受けている人は36・8％にとどまっており、トラブルを経験したことのある人は

37・7％に及んでいた。

トラブルを経験したことのある人のうち、取引先が書面や電子メールを正しく交付していない事例が約6割（「受け取っていない」29・8％、「受け取っているが、取引条件の明記が不十分」33・3％）を占めた。「発注の時点で、報酬や業務の内容などが明示されなかった」が37・0％であった。

トラブルが生じたときに「交渉せず、受け入れた（何もしなかった）」が21・3％となっており、一方的な条件変更が生じても、以後の仕事が減ることを懸念して泣き寝入りしている人が少なくないのだ。こうした「弱い者イジメ」をなくすべく、政府はギグワーカーの地位向上のための法整備やガイドラインづくり、サポート体制の強化を進めている。働きやすい環境が整えば、副業・兼業者はさらに増えるだろう。

そもそも、1つの企業にこだわらない働き方は、少子高齢社会においては不可欠である。働き手世代の激減が避けられない状況下で人手不足を補うには、「働ける人」が、ボランティア活動を含めていくつもの「仕事」を担わざるを得ないからだ。

頭で考えるよりも「体験」することで変わることは多い。コロナ禍をきっかけとして副業・兼業および従業員シェアを経験した人が増えたことは、雇用の流動化を推し進める契機ともなる。1つの企業にとらわれない働き方は「コロナ後」のニューノーマルとなる。

【問題8】の答え：C

「ジョブ型雇用」が成功するためには、やっぱり□□が聞き手に徹する力が必須

Ⓐ同期　Ⓑ部下　Ⓒ上司

「□□□□シップ型雇用」にない良さ

「ギグワーク」と並んで、コロナ禍を背景として広がったのが「ジョブ型雇用」への移行の動きだ。

富士通や三菱ケミカルなどに続いて、川崎重工業も2021年度から年功賃金制度の全廃に踏み切ることとなった。川崎重工業の場合、全従業員1万7000人を対象に役割や成果に応じた賃金やポストを決めるという。

春季労使交渉でも議題に上るなど、製造業に限らずさまざまな産業で、生産性の向上に向けた実力本位の人事評価への模索が続いている。

ジョブ型雇用とは、企業があらかじめ職務内容を定め、その成果で従業員を処遇する雇

用形式のことである。職務を限定して採用するので、その範囲で働くこととなり、年功序列で自動的に管理職になれるというわけではない。反対に、若手であっても、自分が管理職にふさわしいと思えば手を挙げることができる。

企業が客観的な指標で職務遂行能力を判断するので、働き手は転職しやすくなる。モノやサービスと同じく「ジョブ」が市場で取り引きされるようになると考えればよい。働き手は自ら能力を高め、より大きな報酬が得られる仕事を見つけてステップアップしていく。

これに対して、多くの日本企業はこれまで、職務を限定せずに多様な仕事を経験させる**「メンバーシップ型雇用」**を採用してきた。従業員は業務命令によって転勤や配置転換がなされ、さまざまなポストを経験するのが一般的だ。

ポストの職務内容や責任範囲は不明確のため、成果を評価しづらく、長時間労働にもなりやすい。従業員は主体性を発揮しづらく、「指示待ち」になりやすい。生産性の向上を妨げているという批判もある。

しかしながら、終身雇用や年功序列型の賃金制度という日本の労働慣行を実施するには、メンバーシップ型雇用は非常に都合が良い。戦後の復興期から高度経済成長期にかけて、日本産業の主力であった工場などでの共同作業において大変うまく機能してきた。

それは「ジャパン・アズ・ナンバーワン」と言われるほどの成功体験につながり、「雇用の安定」を求める〝社会の要請〟もあって、いまだ日本企業の主流となっている。

管理職へのしょうしんはモチベーションとならない

ここにきてジョブ型雇用への移行の気運が急速に高まってきたのは、コロナ禍で先行きが見通しづらくなったこともあるが、少子高齢化に伴い社会構造が変わってきたことが大きな理由だ。

日本は人手不足やマーケットの縮小が避けられず、その打開策としてＤＸによる生産性向上や高付加価値のビジネスモデルへの転換に踏み切らざるを得なくなってきている。「ＧＡＦＡ」に代表されるような知的生産物を創造するビジネスモデルが世界を席巻する時代となっており、長期的な成長を描くには革新的なサービスや製品開発が不可欠なのだ。

ＤＸ導入に合わせて新規プロジェクトを立ち上げるには、専門性の高い人材の確保が急務であり、年功序列でゼネラリストを育成するメンバーシップ型雇用ではとても対応できない。勤続年数による技能やノウハウの積み上げでは間に合わないということである。

リクルートキャリアの「『ジョブ型雇用』に関する人事担当者対象調査」（２０２０年）によれば、コロナ禍でジョブ型雇用の議論が進んだ企業は、「かなり進んだ」（５・４％）と「ある程度進んだ」（19・４％）を合わせて24・８％だ。

大企業ほど「ジョブ型雇用」を積極的に導入している

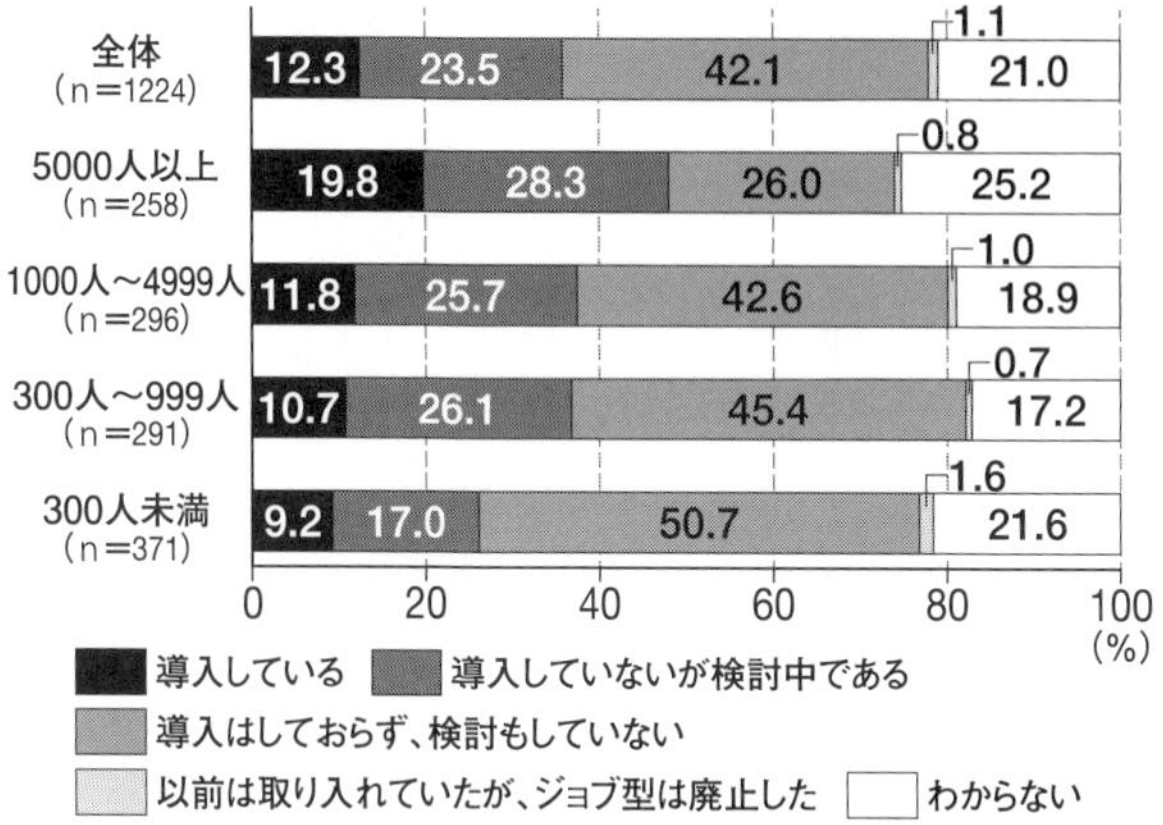

勤務先での「ジョブ型雇用」の導入状況

リクルートキャリアの調査（2020年）より

5000人以上の大企業に限れば36・4%である。導入済みの企業と導入経験のある企業に「ジョブ型雇用」を取り入れた理由を聞いているが、トップは「特定領域の人材（デジタル人材など）を雇用するため職種別報酬の導入が必要になったため」で54・3%、次いで「労働時間削減のため（業務効率化）」が51・2%であった。

DXに伴って事業を売却するケースも増えてくるとみられるが、雇用が職務に付随するジョブ型雇用であれば、そこで働く人をそのまま引き継ぐことも可能となる。雇用を守りやすくすることで、結果として事業売却がスムーズになるという計算もある。

企業がジョブ型雇用を目指すのは、DXへの対応のためだけではない。メンバーシップ型雇用は、優秀な若者に評判が悪いのだ。

戦後の日本では、新卒時に就職した企業で定年退職まで勤め上げることが多くの人々の常識であった。就職した企業に合ったスキルを磨き、管理職へ昇進することが仕事のモチベーションともなってきた。

中途採用すら少なく、人の出入りが少ない企業においては調和が重んじられる。このため、採用においても自社の社風に合うような人柄を重視し、選考してきた。

デメリットとして指摘される「指示待ち」も、それなりのポストを約束されていた時代の従業員にとっては疑問を感じるというより、〝出世につながる切符〟であり、それが心地よかったということだ。

しかしながら、少子高齢化の影響もあって社会の閉塞感が強まり、日本企業がかつての勢いを失った今、**管理職への昇進はモチベーションとなり得なくなった。**若者にとって企業とは、生涯をかけて勤め上げるに値する〝魅力ある存在〟ではなくなったのである。

バブル期の大量採用の影響でポストが不足していることも追い打ちをかけている。新卒者の絶対数が減ってきたことによる人手不足を年配社員の登用で穴埋めしてきた結果、組織が逆ピラミッド型や棺桶型のようになっている企業は少なくない。

こうした企業ではポストがなかなか空かず、若手は大きな仕事をするチャンスが回ってくるまで相当待たされることとなる。

能力の高い新卒者には実現したいことが明確な人も多く、自分が希望する仕事に就けなかったり、将来の夢が描けなくなったりすると、転職や起業に打開策を求めるだろう。

インターネットで海外の情報を取得しやすい時代でもあり、優秀な人材が外国企業に引き抜かれるというケースは珍しくなくなった。メンバーシップ型雇用のままでいると人材流出はもとより、思うような新卒採用ができなくなることが懸念されるのだ。

ジョブ型雇用に移行する日本企業が増えるにつれ、評価基準が明確なライバル企業へと、優秀な人材が世代に関係なく流出しかねないという危機意識もある。

メンバーシップ型雇用は、外国からの人材確保にとってもハードルとなる。欧米だけでなく、多くの国の企業がジョブ型雇用を採用しているからだ。

日本企業が海外拠点で優秀な人材を現地採用しても、本社では報酬体系が異なるために日本で働いてもらうことができないのも悩ましい。

外国人の立場にたてば、年功序列といったよく分からない労働慣行が残る日本で働こうという気など起こらない。メンバーシップ型雇用に固執する限り、グローバルな転職市場での人材獲得を断念せざるを得なくなる。

非正規雇用者は今や約□000万人

ジョブ型雇用には、出産前後や子育て中、介護をしながら働く人にとってのメリットもある。長期の休暇をとってキャリアコースからひとたび離れると、今はなかなか元に戻りにくいが、ジョブ型雇用となれば状況の変化に応じて役割を変えて働けるようになり、選択肢が増える。

女性の積極登用などさまざまな人に活躍の場を提供することが企業収益につながることから、ジョブ型雇用を人材の活性化を図るツールにしたいとの思惑だ。

コロナ禍で産業界の新陳代謝がかつてないほどに激しくなっているが、人口減少社会において成長を続けるには、人材の多様化が必須である。アフターコロナに向けてジョブ型雇用への移行はさらに拡大していくだろう。

それ以前の問題として、ジョブ型雇用が定着しようがしまいが、平均寿命が延びて長い老後を生きざるを得なくなったことがある。すでに述べたが、1つの会社で働くだけでは済まなくなったという社会の変化だ。雇用の流動化は進まざるを得ない。

もちろん、慎重論や否定的な意見もある。成果主義を導入しようという気運は1990年代後半にもあった。2000年代には、世界で評価基準を統一化しようという動きもあったが、いずれも日本の労働慣行を変えるまでには至らなかった。

終身雇用が社会に深く浸透しており、安易な解雇につながることへのアレルギーが強かったからだ。日本では解雇の要件を厳しく限定した判例も確立している。

こうした経緯を背景として「メンバーシップ型雇用が、日本の雇用を守ってきた」という見方が以前から強いが、これは怪しい。バブル経済が崩壊したあとの1994年以降、**非正規雇用者はゆるやかに増大しており、**総務省の「労働力調査」(2020年12月)によれば**2093万人を数える。**役員を除く雇用者に占める割合は37・2%に上る。

フリーランスや副業・兼業者の増大など働き方は多様化しており、純粋な意味でのメンバーシップ型雇用の該当者はいまや、かなり限定的になってきている。

ひとたび会社員になりさえすれば、定年まで無難に働き続けられ、何とか生きていけた時代は終わりつつあるのだ。長い老後を考えれば、自己投資で学び、自分の市場価値を高め続けるしかない。

職務履歴をたえずアップデートすることが求められている以上、ジョブ型雇用は「少子高齢時代の要請」と言えよう。

「□ on □」が部下の能力を引き出す

「時代の要請」であるとはいえ、やり方を間違えれば意味をなさない。

ジョブ型雇用はグローバルに事業展開をし、優秀な人材を厚遇で集めようとする大企業のほうが機能しやすい。中小企業や単にテレワークの効果を高めたいといった目的で導入を図ろうとする企業にとっては、職務定義書（職務記述書）を策定するといった事前準備がむしろ重荷になりかねない。

こうした企業は組織内で個々の従業員が担う役割を明確にし、処遇と連動させていく形にしたほうが現実的だ。

ジョブ型雇用には、（1）職務を特定した採用、（2）職務に紐付けた報酬制度、（3）会社との対等な関係——の3条件が必須となるが、働く人々の意識が変わらなければ機能しない。

特に「会社との対等な関係」を築くことに苦労しそうだが、個々人も意識の変革を求められる。仕事の内容や経験と対価が連動するため、自分が望むキャリアを歩むための努力が不可欠となる。

自分が希望する賃金額を表明し、折衝する力量も問われる。海外では、同じ仕事をしながら給与差がある場合には評価の低かった人が上司に詰め寄り、納得できる説明がなければ他社に移るということも珍しくない。転職の意向の有無にかかわらず、常に他社の情報を仕入れ、自分の市場価値と向き合うことが一般的になるだろう。

こうした個々人の意識改革も大切だが、最大のポイントは「上司の力量」だ。ジョブ型雇用で即戦力の人材を活用すれば、社員教育の手間を省けて、より迅速に質の高い仕事を果たせるようになる。だが、個々人にも自分のやりたいこと、貢献したいことがあり、それを複数持っていることもある。個々の持つ能力を「見える化」し、単に既存の仕事を遂行させるだけでなく、新たな価値が生まれるような環境づくりも重要だ。しかも、ポストと賃金が連動し、成果が評価の基本となるため、納得感がないと逆効果になる。上司と部下のコミュニケーションを築くことが、これまで以上に重要となるのである。

「コミュニケーションが大事なことなど、分かっているよ」という声が聞こえてきそうだが、考課面談の場などで、むやみに部下の発言を否定する上司は少なくない。仕事帰りに気に入った部下ばかりを誘って酒場に繰り出すことを「部下とのコミュニケーション」と勘違いしているケースもある。ましてや、自分のやり方を強要したり、過去の自慢話を得々と語ったりではうまくいくはずがない。

最近は、上司と部下が頻繁に対話する「1 on 1」(ワンオンワン)という手法をとる企業も少なくない。一般的な考課面談とは異なり、部下の悩みを聞き取って相談に乗り、あるいは経営方針への疑問点の解消のために話し合う**「部下の能力を引き出すためのミーティング」**のことである。月に何度か開催されるのが一般的だ。

「1 on 1」は有用な手法の1つではあるが、一方で「うまくいかない」という声もよく聞かれる。仕組みをよく理解しないまま走り出してしまったというのが大きな要因だが、部下の発言を丁寧に聞き取る力や、コーチングスキルが乏しい上司が少なくないのだ。

上司に求められる能力とは、何と言っても「聞き手」に徹する力だ。その上で的確にアドバイスできるようにすることである。日頃から積極的にコミュニケーションを取り、信頼関係を築くことがジョブ型雇用の成功の秘訣といえよう。人間関係における好き嫌いで評価基準がぶれるようなことが、あってはならない。

そして、的確なアドバイスをするには、部下が抱える業務上の課題や、専門性をさらに高めるための方法、キャリア形成の希望、体調やメンタル面の悩みなど、アジェンダを部下と事前共有しておくことが欠かせない。

□□0度評価は中央省庁での導入も始まっている

さらに、ジョブ型雇用は、各分野で能力の高い人にその仕事を任せる仕組みであるため、従来よりも実力や専門性を正確に把握し、人事評価をしなければ機能しないという側面もある。一方で１人の上司による人事評価は、思い込みや恣意的な判断をどうしても排除しきれない。

これを打破するため、人事評価を上司だけに任せるのではなく、同僚や部下も加わる「３６０度評価」を取り入れる企業も増えている。

「３６０度評価」はジョブ型雇用ではない企業や団体でも広がりつつあり、２０１９年には中央省庁での導入も始まっている。リクルートマネジメントソリューションズの「３６０度評価活用における実態調査」（２０２０年）によれば、導入企業の割合は31・４％で、２００７年の５・２％に比べて大きく伸びた。

「人事評価に反映させている」という企業は54・５％にとどまっており、本人の気付きや育成、上司のマネジメント・コミュニケーションツールとして活用しているところが多いが、「降格・ポストオフの判断に活用している」という企業も18・３％に上った。ジョブ型雇用の流れが大きくなるにつれて、「３６０度評価」の導入も増えてくるだろう。

ジョブ型雇用の最大の目的は、少子高齢時代にあっての生産性向上の実現である。形ばかりを整えてみても、生産性の低い日本の労働慣行を打ち壊すことにはならない。〝仏作って魂入れず〟とならないよう、「上司改革」を含めた取り組みが求められる。

【問題９】の答え：C

問題10　労働生産性

「社内失業者」があぶり出された！いなくなれば、会社の□□□□が増加する

Ⓐ労働時間　Ⓑ平均賃金　Ⓒ経営統合

テレワークはワークライフバランスをかいぜんさせる

テレワークもコロナ禍で進んだことの代表例だ。これも「コロナ前」からのビジネス課題であったが、どちらかといえば子育て中の社員向けといったような限定的な使われ方をしてきた。コロナ禍で必要に迫られて一気に拡大した形だ。

もちろん順調に普及しているわけではない。導入してみたものの、能率が悪くて再びオフィスに出社して働くという旧スタイルに戻した企業は少なくない。顧客の要望や取引先企業の都合で、テレワークに切り替えたくてもできない職場もある。

ＮＩＲＡ総合研究開発機構などの「第４回テレワークに関する就業者実態調査（速報）」（２０２１年）によれば、テレワークの平均利用率は緊急事態宣言下にあった２０２０年４

～5月は38％だったが、6月には29％に下落した。2021年4月は28％だ。

一方で、大企業を中心にテレワークの導入に積極的なところも多い。国土交通省の上場企業向けアンケート調査（2020年8～9月）によれば、18％が今後「拡大する」、53％が「同程度を維持する」と回答している。今後も感染状況に応じて取り組みを強めたり、弱めたりを繰り返しながら進んでいくだろう。

感染が収束してもオフィスへの出社と併用という形で着実に定着していくとみられるが、企業が考えるテレワークのメリットのトップは**「ワークライフバランスが改善」**（79％）だ。続いて、「業務の効率化・無駄な仕事の削減につながる」（64％）、「従業員が自己管理の習慣をつける機会になる」（35％）、「生産性の高い仕事に集中することになる」（34％）といった理由が上位に並んでいる。

導入に熱心な企業は、感染防止対策という〝消極的な理由〟ではなく、むしろ社員個々の労働生産性を向上させる手段の一つとして位置づけているのだ。テレワークは、各社員の仕事に対する姿勢や能力が見えやすいためである。

例えば、オフィスに集まって仕事をするのが〝常識〟だった「コロナ前」は、仕事を進める上でのアドバイスを上司や同僚に求めやすかった。ベテラン社員が慣れないパソコン操作や面倒な作業を若手社員に押し付けるといった場面も少なくなかった。

仕事が遅い人を部署全体でバックアップするため、仕事を早く終わらせる人に「しわ寄せ」が行くという理不尽もあった。それどころか、仕事が遅いほど残業代が多くなり得をするといった〝不合理〟が生じていた。

これに対してテレワークは、各自が時間をコントロールして働くため、机を並べて働いていたときのように、周囲の手助けやアドバイスを求めることは難しい。与えられた仕事を「時間内」に仕上げることを求められるので、ダラダラと作業をする人は評価を下げる。オンライン会議では要領よく発言しないと伝わりづらいため、プレゼンテーション力が問われることとなる。

このように個々が持つ能力を頼りに、自分の頭で考えて仕事を完結せざるを得なくなるということは、優秀な人材の掘り起こしにつながる。企業としては適切な人事評価が可能となり、成長分野に人材を投入しやすくなる。結果として、社員全体の意識改革が図られ、個々の能力の底上げにつながる。仕事の能率が悪いからといって、すぐに対面型に戻すのではなく、テレワークに積極的な企業はこうした点を重視している。

働かない年配社員は〝ようせいさん〟とやゆされる

こうなると、必然的にあぶり出されるのが〝組織にぶらさがってきた人〟の存在だ。

「262の法則」という言葉がある。どの集団においても、全体の2割が会社の期待以上に働き、6割は期待通りに働き、残りの2割は期待以下の働きしかしなくなる傾向が表れることを指す。

どこの職場にも、出世コースから外れたり、希望の部署に配属されなかったりしてモチベーションが下がる人はいる。また、仕事の実績はイマイチながら、職場の雰囲気を明るくするムードメーカーとして重宝されるタイプの人も珍しくない。

だが、テレワークが普及すると、こうした人たちは通用しなくなる。**「仕事をしない会社員」**などはなおさらだ。**〝妖精さん〟**や**〝社内失業者〟**は、ますます居場所を失う。

〝妖精さん〟とは、定年間近で目標を見失い、「働き」に見合わない高い給料を得ている年配社員のことだ。始業時間には会社に在席しているのだけれども、いつの間にか席を離れて気が付くと外出していなくなってしまう。そんな**フワフワした存在感の無さを揶揄《やゆ》して名付けられた**。一方、〝社内失業者〟は文字通り、企業に雇用されているにもかかわらず業務を失っている状況の人のことである。

社会の変化についていけずスキル不足に陥るということもあるが、企業の新業務に必要な能力と社員が持つスキルとが一致せず、異動先がなくなることでも起こる。2008年のリーマンショック以降に深刻化し、ベテラン社員だけでなく、適切な社員教育を受けられずにいる若手社員にまで広がっている。

求人情報サービス大手「エン・ジャパン」が2020年5月に公表した実態調査結果では、〝社内失業者〟がいる企業は予備軍を含めて29％に上った。サービス関連や商社が高く、従業員規模では「300〜999名」（45％）と「1000名以上」（47％）といった大きな企業に顕著であった。少し古いデータとなるが、2011年の内閣府調査によれば、全国の労働者の8・5％にあたる約465万人が社内失業者に該当するという。

コロナ不況が〝社内失業者〟を増やした可能性もある。内閣府の「日本経済2020―2021」（2021年）によれば、企業の雇用者数が実際の生産活動に最適である水準を上回る「余剰人員」は、緊急事態宣言が初めて発出された2020年4〜6月期は646万人に上ったのだ。

その後の経済活動の再開とともに減少はしたものの、10〜12月期は238万人に上っている。非製造業が158万人で、このうち「飲食・宿泊サービス業など」が90万人だ。

コロナ禍で突如として業務量が激減したという特殊要因のもとの数字であり、経済活動が制約されて、企業の「余剰感」が強まっている事情がある。むしろ多くの企業が、経済活動の本格再開をにらんで何とか雇用を維持しているという側面もあるが、コロナ不況の長期化で支店や店舗の統廃合など事業そのものを縮小する企業も増えてきている。

大企業ほど〝社内失業者〟が多く存在する

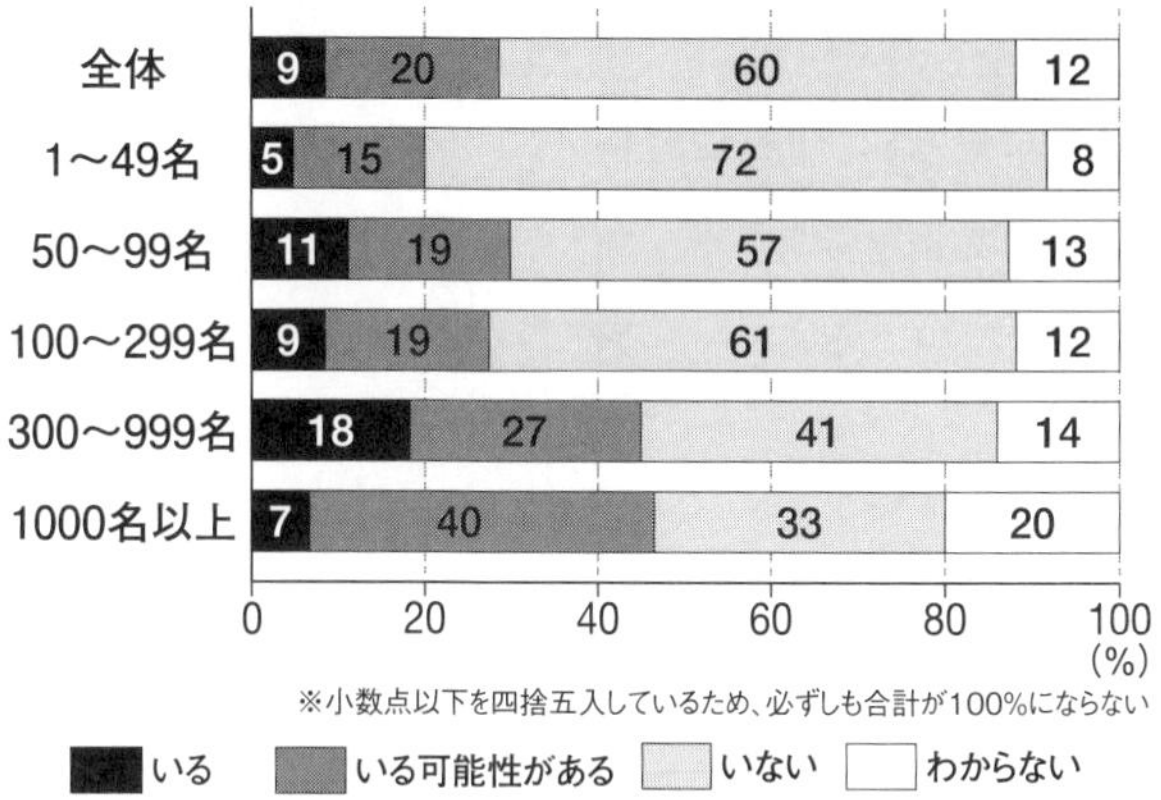

企業規模別の社内失業状態の社員がいる割合

「エン・ジャパン」の調査(2020年)より

こうした企業では〝社内失業者〟が増えやすい。加えて、コロナ後にデジタル化が進んで「ミドルスキル」の仕事が減り始めると、さらに〝社内失業者〟が多くなる。

しかしながら、テレワークが〝妖精さん〟や〝社内失業者〟などを浮き彫りにすることは悪いことではない。そもそも、少子高齢化で働き手世代が減りゆく時代に、1割近くもの「仕事をしない会社員」がいること自体が異常なのである。〝人材の無駄遣い〟としか言いようがない。

年功序列や終身雇用といった日本企業の労働慣行に守られ、「働き」の割に高い給与をもらっている社員の存在が、組織全体の士気を下げ、若手社員の意欲を削ぐ結果ともなっている。

日本の労働生産性はOECD加盟37ヵ国中□位

「仕事をしない会社員」や「期待したほどの成果を上げられない会社員」の解消は長年の経営課題であったが、先述したようにデジタル改革が進み始めて早期・希望退職の動きが本格化してきた。

テレワークの普及がこうした動きを後押しするならば歓迎すべきだ。人口減少社会を克服するには、雇用の流動化は避けられないからである。

働き手世代は激減期に入っており、コロナ不況を脱すれば再び日本は深刻な人手不足に襲われる。働く意欲のある人がすべて働かなければ社会が回らなくなる。現在の日本にとって、働く能力がある人々を〝妖精さん〟や〝社内失業者〟などのように無駄遣いしている余裕はないのである。彼らにとっても、新たな道が開けたほうがよいだろう。

テレワークによって「仕事をしない会社員」が働く存在に転じることは、個々の底上げが実現する以上に大きな利益を各企業にもたらす。1人当たりの労働生産性（就業者1人当たり付加価値）が向上するからだ。

そもそも、〝妖精さん〟や〝社内失業者〟がいなくても仕事に支障はないのである。稼ぐ側に回れば、その分だけ単純に利益が大きくなり、1人当たりの労働生産性は向上する。
反対に退社したら、会社全体の労働生産性の分母が小さくなるということなので、計算上、1人当たりの労働生産性は大きくなる。もっと直接的な言い方をするならば、給与を受け取る人数が少なくなるぶん、**平均賃金が上昇する。**

日本の労働生産性の低さはかねて指摘されてきた。日本生産性本部によれば、2019年の1人当たりの労働生産性は8万1183ドル（824万円）で**OECD加盟37ヵ国中26位**である。これは米国の13万6051ドル（1381万円）の6割程度に過ぎず、同じ金額を稼ぐのに米国が1人で済むところを、日本は1・7人ほど必要とするということだ。

人口減少に伴い新規人材の採用が難しくなり、マーケットが縮小していくことが避けられない以上、日本企業が生き残るためには、1人当たりの労働生産性を向上させて、米国をはじめとする諸外国との差を縮めていくしかない。

そうした意味では、個々の能力の底上げを図り、「仕事をしない会社員」を働く人へと変えるきっかけとなるテレワークは、人口減少対策としても大きな期待がかかる。

感染防止策といったレベルに終わってしまうのか、生産性向上の大きな果実を得られるところまで発展させられるのか。各企業の取り組み次第で、日本の未来は大きく違ってくる。

【問題10】の答え：B

問題11 高齢者の雇用

70歳まで働く社会が到来！　だが2020年、高齢就業者数は、□万人しか増えなかった

Ⓐ 4

Ⓑ 14

Ⓒ 24

非正規雇用の高齢者は、わずか□万人増

高齢者雇用の悪化も、コロナ禍が顕在化させた課題の1つだ。

実は、統計データが示す数字とは裏腹に、コロナ不況が一気に広まりを見せた2020年の高齢者をめぐる雇用環境は痛手を受けていた。経営が悪化した企業に、高齢者を解雇や雇い止めにしたケースが少なくなかったのだ。

具体的な数字で確認しよう。総務省の「労働力調査（基本集計）」によれば、2020年平均の就業者数は6676万人となり、前年と比べて48万人減少した。だが、65歳以上に限れば906万人と14万人増えた。一方で、35～44歳は51万人もの減少であった。

これらの数字だけを見れば、高齢者の雇用はコロナ不況の影響を受けなかったこととな

るが、実態はそうではない。65歳以上人口は前年と比べて30万人増え、35～44歳は43万人も減っていたのだ。

２０２０年の高齢者雇用の悪化は、65歳以上の人口増加幅と就業者の増減幅の関係を過去にさかのぼって確認すれば、さらに明確になる。２０１９年は、65歳以上人口が前年比33万人増え、就業者は30万人増だった。

２０１８年の場合には、65歳以上人口が前年に比べて45万人増だったのに対し、就業者はそれを10万人も上回る55万人増だ。これは雇用延長で働き続ける人や、いったんリタイアした人などの再就職が多かったということである。

すなわち、**２０２０年の高齢就業者数は「14万人も増えた」のではなく、「14万人しか増えなかった」**と解釈すべきなのである。ちなみに65歳以上の完全失業者は16万人で、前年と比べて2万人増えている。

高齢者の労働環境の厳しさを窺わせるのが、完全失業者の内容だ。「定年又は雇用契約の満了」を理由に挙げる人が、前年比4万人増の20万人となった。２０１１年からたどってきた下落傾向に終止符が打たれた形だ。コロナ禍による企業経営の悪化を受けて、希望通りの雇用延長がなされず、実質的な解雇のように職場を追われた高齢者もかなり含まれているだろう。

実は高齢者雇用は悪化していた

65歳以上の人口と就業者の前年比増加数

「労働力調査(基本集計)」(2021年)より

あたかも就業者数が増えているかのように見えた〝数字のトリック〟は、高齢者が大きなウェイトを占める**非正規雇用**においても見られる。「労働力調査（基本集計）」によれば、全体では前年比75万人減の２０９０万人となったが、年齢別では15〜64歳が76万人減、**65歳以上は１万人増**だった。

ところが、２０１９年の65歳以上の伸び幅は前年比31万人増、２０１８年は42万人増である。高齢者の非正規雇用は２０１４年から毎年30万人のペースで増え続けてきたのである。マイナスにこそならなかったが、コロナ禍で急ブレーキがかかったのだ。

非正規雇用の高齢者には、年金の不

足分を補うべく、自分の体力に合わせて週に2〜3日だけ働くという人も多い。こうした年金収入を得ながら働く高齢者が真っ先に解雇の対象にされたというケースが少なくなかった。

「労働力調査（詳細集計）」（２０２０年）によれば、就業を希望しながら求職していない高齢者は２０２０年平均で47万人に上る。この中には、感染を過度に警戒して「求職活動」そのものを控えたという高齢者もいるが、企業からの理不尽な解雇や雇い止め通告を受けて、心が折れてしまった人も相当数含まれるだろう。

２０２□年度以降、「70歳まで雇用の義務化」へ⁉

本来、政府は「コロナ前」から高齢者雇用を推進させるべく、旗を振ってきたはずだ。

高年齢者雇用安定法を改正し、２０２１年4月から企業に70歳までの雇用機会の確保を努力義務として課した。これもしかしながら、このようなコロナ禍における高齢者雇用の悪化を見ると、前途多難と言わざるを得ない。

高年齢者雇用安定法の具体的内容は、（1）定年年齢の引き上げ、（2）定年の廃止、（3）継続雇用制度の導入、（4）継続的に業務委託契約を締結できる制度の導入、（5）継続的に社会貢献事業に従事できる制度の導入——の5つの措置のいずれかを求めるものである。

（1）～（3）はすでに、65歳までの雇用の確保で義務付けられていたものだ。企業の負担を軽減するため、グループ関連企業だけでなく、関連のない他社での雇用も認めている。それどころか、勤務してきた企業とのフリーランス契約や起業の支援といった形も選択肢としている。（5）の社会貢献事業というのは、会社や商品の歴史を説明するセミナーの講師、植林事業といった環境プロジェクトに関するボランティア活動、勤務してきた企業が関係を持つ財団法人などで働くことなどが想定されている。

厚労省の「高年齢者の雇用状況」（２０２０年6月1日現在）によれば、66歳以上の人が働ける制度のある企業は33・4％と3社に1社が何らかの措置を講じている。しかしながら「定年制の廃止」2・7％、「66歳以上定年」2・4％、「希望者全員66歳以上の継続雇用制度」7・5％だ。３０１人以上の大企業に至ってはさらに低く、それぞれ0・6％、0・6％、3・6％に過ぎない。

政府が法改正までしてこうした現状を打破し、70歳までの就業を促進しようとする背景には、少子高齢化に伴う慢性的な人手不足と、勤労世代が減ることによる年金や医療などの社会保障制度の財源不足という2つの懸念を同時に解消したいという思惑がある。

政府は、**２０２５年度以降の「70歳まで雇用の義務化」**を視野に入れており、２０２２年4月から、70歳となっている年金受給開始年齢の選択肢の上限を75歳に引き上げることにしたのも、その布石と見られる。

70歳までの雇用に関しては、政府の思惑とは別に、個人的理由から希望する人が少なくない。公的年金の給付水準が今後低下する見通しとなっているため、老後の生活資金の確保のために働かざるを得ない事情があるからだ。

内閣府の「老後の生活設計と公的年金に関する世論調査」（2019年）によれば、「66歳〜70歳」まで収入を伴う仕事がしたいとした人は21・5％に上った。71歳以降まで希望する人を含めれば37・6％だ。こうした人にすれば、努力義務とはいえ法律が後押ししてくれることは朗報だろう。

「バブル入社組」の高年齢化が人事担当者をゆううつに

各種世論調査では、現役時代と同じ会社もしくは同じ業種・職種で働き続けたいという人が多い。

しかしながら、コロナ禍の高齢者雇用の悪化で証明されたように、多くの企業は高齢者雇用そのものに前向きとは言い難い。先述の「高年齢者の雇用状況」によれば、定年を65歳とする企業が18・4％に過ぎないことが何よりの証拠だ。301人以上の大企業は11・9％にとどまる。この数字からも分かるように、65歳までの雇用が義務付けられている現状においても、定年の廃止や延長ではなく、継続雇用制度の導入でお茶を濁すところが大半である。

60歳前後になると、健康状態や家庭環境、仕事への意欲などの面で個人差が大きくなり、企業としてはすべての人を〝戦力〟として計算するわけにはいかない。労働政策研究・研修機構の「高年齢者の雇用に関する調査（企業調査）」（2020年）が60〜64歳の雇用形態を調べているが、最も多いのは「嘱託・契約社員」の57・9%で、「正社員」の41・6%を大きく上回る。

60歳以降も社員を雇い続けることに多くの企業が慎重なのは、個人差が大きくなりやすいこともさることながら、**人件費のやり繰り**が大変だからだ。

多くの企業は、人件費の総原資枠を設定している。65歳雇用の義務付けにあたっては、個々に支払う生涯給与額が膨らまないように、50代までの若い頃の給与額を抑制し、そこで捻出した分を60歳以降の5年間の支払いに充てる工夫をしてきた企業が少なくない。羊《よう》羹《かん》を薄く切って少しずつ渡すようなやり方だ。

60歳以降の給与支払期間が5年から10年間に倍増すれば、〝羊羹の切り分け〟にはもっと時間をかけなければならなくなる。それでは過渡期において若い世代の給与を過度に抑制することになり、組織全体のモチベーションを下げる。

企業の人事担当者をさらに憂鬱にさせているのが、「バブル入社組」（１９８７～１９９２年入社）**の高年齢化**である。先頭はすでに50代後半に達している。採用人数が多いぶん、人件費総額を一時的に押し上げ、〝羊羹の切り分け〟のツケを、よりたくさん若い世代に押し付けることとなる。

バブル入社組が60代になると、給与の低い有期契約社員が会社内でも一定の存在感を示す塊になる。人数が多ければ当然、発言力も大きくなり、正社員との不公平感がより意識されよう。70歳までの雇用となればなおさらだ。

「高年齢者の雇用に関する調査（企業調査）」によれば、44・２％の企業が60代前半の継続雇用者の仕事内容について、「定年前とまったく同じ仕事」と回答している。同じ仕事をしながら処遇が異なるとしたら、高齢社員の不満は高まり、勤労意欲の減退にもつながる。職場の雰囲気が悪くなれば、生産性が低下しかねない。

バブル入社組に関しては、多くの企業でポスト不足が顕在化している。問題はポストの不足だけでなく、年齢に見合った業務量に対して人数が過剰になっているという無駄も生じている。多くの企業は「黒字リストラ」を含めた早期・希望退職を実行するに至っているのもこのためだ。日本社会全体としては慢性的な人手不足だが、こうしたところに人材がダブついてしまっているのである。

70歳まで雇用すれば、バブル入社組のために新たな仕事を見つけ出さなければならないといった本末転倒な状況も起こりうる。企業の人事担当者からは、「正直なところ、採用が多い世代のすべてを70歳まで雇用し続けることは難しい」といった厳しい声も聞かれる。

ばってき人事は「降格者の増大」という影を落とす

人件費のやり繰りと並ぶ大きな懸念は、**組織の停滞**である。

企業は人件費の総原資枠を設定するのと同時に、社員を無計画に採用しないよう「定員管理」も行っている。これまで多くの企業は、定年退職者数や離職率を考慮して新卒者や中途社員の採用数を決めてきたが、定年後も会社に留まる人が想定以上に増えれば、若年層を減らさざるを得ない。一番簡単なのは、新卒者や中途者の採用の抑制だ。

ただでさえ、少子高齢化によって社員の高年齢化が進み、20代、30代の若手が相対的に少なくなっていくというのに、採用抑制まで加わったなら、ますます組織が〝若返る力〟は衰える。高齢社員を雇用するために給与が抑制されたうえに、組織が活性化しづらいとなれば、意欲ある若手の流出は止められなくなる。

すでに社員の高年齢化による組織の停滞を打破しようと、優秀な新卒社員に多額な報酬を支払ったり、30代で部長ポストに就けるようにしたりといった「年功序列人事」を見直す企業が目立ちはじめているが、こうした取り組みはますます強化されるだろう。

パフォーマンスを引き出す**抜擢人事は、一方で「降格者の増大」につながる**ことも認識しておく必要がある。昇格者だけを増やしたのでは、ポスト不足はもとより、平社員よりも役職者のほうが多いという頭でっかちの組織となるためだ。

70歳まで雇用の定着が直接の引き金となるわけではないが、巡り巡って成果主義を推し進め、予期せぬ形で日本型の雇用習慣を壊していくこととなる。そこまで大きく人事制度を変えたくない企業は、高齢者雇用そのものに慎重になっていく。

第3の懸念は、デジタル改革のタイミングと重なったことにある。コロナ禍によってデジタル技術の重要性がこれまで以上に認識されるようになり、多くの企業はビジネスモデルの変容を迫られている。デジタル新技術の習得は、高齢者に限らず全社員にとって必須となる。

こうした激しく変わりゆくビジネス環境の中で、高齢世代が再教育によって次々と新技術や新知識の習得を迫られても、身に付けるのには困難が伴うだろう。企業側としては、コストパフォーマンスを考えれば、若手社員の教育に力を入れるのが当然だ。

デジタル技術の進歩に伴い、働き方の見直しも進み始めている。先述したようにコロナ禍を契機に、ジョブ型雇用への移行を進める企業も増えてきた。当然ながら、再雇用の高齢社員に対しても成果や費用対効果を求める流れは強まるだろう。企業が「70歳まで雇い続けたくなる人材」に求める能力は高度になり、ミスマッチが増えるということだ。

そんな困難を押してまで定年を廃止したり、70歳に延長したりする企業は多くはないだろう。長年勤めてきた企業や慣れた仕事のまま70歳まで働き続けられる人は、現実的には国家資格や専門的技能を有するような一部の人材に限られる。多くはフリーランス契約やボランティア活動といった道を選ばざるを得なくなるのではないだろうか。

コロナ禍で収益構造の改革に追われ、余力を失っている企業は少なくない。70歳までの雇用どころか、60代前半を含めた定年後の雇用に関しては働く側の意識改革も求められそうだ。

少子高齢社会では、働く意欲のある人が働かなければ、社会が機能しなくなる。そうした意味では70歳までの雇用が定着していくことが望まれる。だが、現実問題として、それは1つの企業で働き続けることとは別の話だ。

スキルを磨き続け、年齢を超えて〝必要とされる人材〟であり続けるか、仕事を選ばず新しい分野にどんどん挑戦し、求められるところで働くことである。

少なくとも、「定年退職後は補助的な仕事をしながら〝第二の定年〟を待つ」といった姿勢は許されなくなる。

【問題11】の答え：B

問題12　不動産と再開発

「オフィス需要」は減る一方。空室率上昇の隠れた要因は2023年以降、□□□□が再拡大すること

Ⓐ地方分散　Ⓑ新規供給　Ⓒ都心回帰

2020年8月、テレワークを実施した企業は□割

次はコロナ禍において街に起きていたことを取り上げたいと思う。ここにもまたコロナ禍が加速させつつある少子高齢化、人口減少社会の姿が見えてくる。

コロナ禍は、大都市におけるオフィスのだぶつきを鮮明にした。東京都心ではビルの3棟に1棟は空き室を抱えている。感染の収束を読み切れず、借り手たる各企業が様子見を決め込んだり、縮小マインドとなったりしているためだ。

賃貸オフィス仲介会社の三鬼《みき》商事の「オフィスマーケットデータ」によれば、2020年は国内主要7都市のビジネス地区（東京、大阪、名古屋、札幌、仙台、横浜、福岡）のすべてで空室率が上昇に転じた。

とりわけ上昇幅が大きかったのは東京（都心5区：千代田、中央、港、新宿、渋谷）で、2020年12月は前年同月比2・94ポイント増の4・49％となった。平均募集賃料はマイナス0・9％となり、主要7都市のビジネス地区の中では唯一の下落となった。長らく続いてきた賃料上昇の流れが止まった形である。人口減少に伴い国内マーケットが縮小した後のビジネス街をイメージさせる。

今後の空室率は、どうなっていくのだろうか？

オフィス街とは、繁華街と並ぶ大都市の「顔」の1つである。その動向は今後の都市計画や街並みにも大きな変化をもたらす。コロナ禍の影響を最も受けた東京を見ていこう。

コロナ不況の特徴は、業種によって業績に大きな差があることだ。小売業や飲食業、観光業、旅客業といった対面サービスを基本とする業種が大きな痛手を受けた一方で、むしろ業績を伸ばした業種も少なくない。このため、オフィスの解約や縮小は一時的現象であり、感染拡大が収まれば、再び都心オフィスへの出勤率は元に戻るという見方もある。

コロナ禍当初に見られた解約や縮小の動きが、ＩＴ系のベンチャー企業中心だったこともこうした見方を後押しした。ＩＴ系ベンチャー企業の場合には契約面積が小さく、影響は軽微だったからである。

だが、これらをもって「一時的な現象」と片づけるのは拙速に過ぎる。オフィスの解約は告知から半年や1年という時間を要するからだ。空室率の速報値は、半年以上前の動きを反映したものに過ぎない。

移転や縮小を正式に決めるのは、現在借りているオフィスの契約が満了を迎えるタイミングに合わせてである。見直しを決める企業があったとしても、その表明は今後数年にわたることとなる。

東京都内に本社を置く上場企業を対象としたアンケート調査（2020年8〜9月、国土交通省）によれば、**2020年8月時点でテレワークを実施している企業は8割**にも及んでいる。縮小せず、拡大・維持する方針の企業は約7割で、今後も一定程度のテレワークの実施が想定される場合にオフィスを縮小することについて、14％の企業が「すでに検討している」と回答、「今後検討する可能性がある」の46％と合計すると6割に達する。

実際にオフィスの縮小に踏み切る会社がどれほど出てくるかは現時点では分からないが、すでに富士通が2022年度までにオフィスを半減させることを表明している。東芝も将来的に3割程度削減することを検討している。少なくとも総務や経理、人事といった間接部門は、賃料の高い都心部にオフィスを構える必要はない。また、直接部門でも、企画系などはサテライトオフィスなどと結んでテレワークすることが十分に可能だ。

賃料の値下げ圧力がかかり始める「5％のかべ」

企業の意向は別として、空室率の動向を占うには、２０２０年に急拡大した要因を分析するのが近道である。

そもそもオフィス需要というのは、景気動向が左右してきた。景気が上向けば、半年後にはオフィス需要も回復する。すなわち感染収束とともに空室率は低下していくはずである。しかしながら、今回はセオリー通りにはいきそうにない。経済活動の低迷だけでなく、テレワークの急拡大が空室率の大きな要因となっているためだ。

東京の賃貸オフィス市況を悪化させた要因はもう１つある。２０２０年は新築ビルの供給量（延床面積）が、前年に比べて約22万３０００坪も増えていたのだ。これは新築ラッシュとなった２００３年に次ぐ高水準である。

２０２０年の空室面積は35万１２２６坪と前年より23万２９７２坪増えた。新規供給面積と空室面積の増え幅がほぼ同じだったのである。単純に言えば、新築ビルへの移転に伴って空いた既存ビルのフロアが、コロナ不況で埋まらなかったということだ。

逆説的な説明となるが、東京以外の6都市について、空室率の上昇幅が東京より小さく、賃料がマイナスとならなかったのは、新規供給量が相対的に少なかったためである。加えて、これら6都市の場合、テレワークの実施率が東京に比べて低かったこともある。

国交省の資料によれば、2020年4〜5月時点のテレワーク利用率は東京圏（一都三県）が38％と、全国平均の25％を大きく上回った。同省は2020年4月時点の都道府県別利用率もまとめているが、東京都の32％は群を抜いている。

東京ビジネス地区の空室率の上昇傾向は2021年に入っても続いており、三鬼商事によれば、2021年3月は5・42％に上る。港区に至っては7・30％である。

一般に、**空室率が5％を超すと賃料の値下げ圧力がかかり始める**。いわゆる「**5％の壁**」だが、2021年3月時点では**都心5区のすべてで平均賃料の下落が確認できる**。

東京で新築ビルの建設が増えたのは、コロナ前にはオフィス不足が深刻化していたからである。アベノミクスを背景とした大企業の業績の伸びもあって、空室率は2015年頃から下がっていた。新型コロナウイルス感染症が拡大する直前の2020年2月には1・49％という極めて低い水準にまで下がっていた。

新規の需要を見込んで多くのデベロッパーがビル建設を計画し、竣工《しゅんこう》したタイミングで運悪くコロナ禍に見舞われたということである。

2025年、東京の空室率は□％超に

このように要因を分析すると、オフィスの未来はテレワークの動向が大きく左右するこ

とになる。ここまでテレワークに積極的に取り組んできた企業が、コロナ前の働き方に完全に戻ることは考えにくい。サテライトオフィスを整備するなどのかなりの投資をしてきたからだ。テレワークに合わせた人事評価システムに変える動きも相次いでいる。

２０２０年４～５月にかけての最初の緊急事態宣言の発出時にはガラガラであった通勤電車に通勤客が戻ってきてはいるが、コロナ前の水準まで回復したわけではない。週に２～３回しか通勤しないという人は確実に増えており、地方や別荘に居住しながら仕事をし、必要に応じて東京の本社に出勤するというスタイルに変わった人も珍しくない。オフィス面積縮小の流れは当分続くと見ておいたほうがよい。

だからといって、テレワークに積極的に取り組む企業が「オフィス不要論」を唱えているわけでも、通勤や対面を軽視しているわけでもない。先の国交省のアンケート調査でも、オフィス縮小に伴う課題については「社員間の交流空間を確保することが必要」が43%と最多であった。多くの企業が対話を重視しているということだ。

感染収束後も出社の重要性は変わらないだろう。テレワークでは効率的にできない仕事は、どの企業にもある。リモートではコミュニケーションギャップが起こりやすく、人事管理や社員教育はうまく進まない部分が残る。優秀な人材を獲得するには給与面だけでなく、労働環境としての「オフィス」を充実させることが重要だという認識も広がりつつある。

景気回復に伴う新規採用や先端ＩＴ人材などを確保するために、よりハイスペックで立地にも恵まれ、しっかりした耐震構造となっている新築ビルへと移転する企業が増えることだろう。先述したように、アフターコロナの時代となれば、これまで以上にオフィスへの出社とテレワークとを上手に併用する働き方が普及・定着すると見られる。

それはすなわち、コロナ不況から脱し、**各社が人員増加を図ったとしても、人数に比例して必要となるはずのオフィス面積が拡大しない**ということである。

一方で、コロナ禍がもたらした新たなオフィス需要もある。ソーシャルディスタンスの定着だ。感染が収束しても、人と人との距離を取る習慣は簡単にはなくならないだろう。従業員や顧客への「配慮」「気遣い」がニューノーマルとなり、求め続けられるようになる。この結果、１人当たりが必要とするオフィス面積や顧客用のスペースの拡大が図られたら、空室率はある程度は下がることとなろう。

テレワークの動向以上に、**空室率の上昇にインパクトを与えそうなのが新規供給の多さ**だ。２０２０年も大量供給が空室率上昇をアシストしたことは先述した通りだが、今後はさらに新築ビルが増えそうなのである。再開発は大規模になるほど長期計画で進んでいくため、需要が縮小することは分かっていても簡単にはストップできない。

三井住友トラスト基礎研究所の見通しでは、新規ビル供給は２０２１～２０２２年はい

東京のオフィスビルの空室は
コロナ禍で急増している

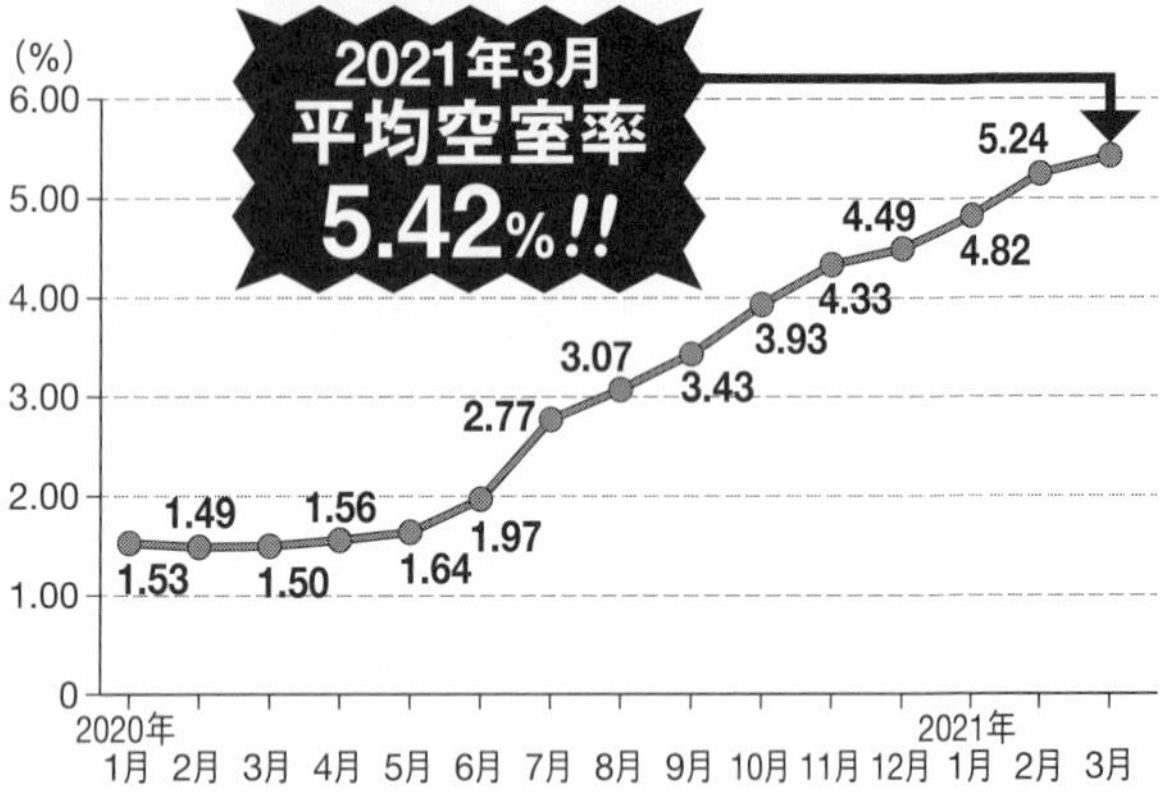

東京ビジネス地区（千代田・中央・港・渋谷・新宿区）の平均空室率

三鬼商事のレポートより

ったん抑制されるものの、２０２３**年以降は再拡大**する。三井住友信託銀行の資料によれば、２０２１～２０２５年の新規供給量は２０２０年末のストック比で、東京10・9％増、大阪9・9％増、福岡9・2％増、横浜9・0％増などとなる。

数年で１割も増えたのではよほど借り手が増えない限り、需給バランスは大きく崩れる。空室率は高止まりどころか、さらに上昇していくだろう。三井住友信託銀行の推計では、**東京、横浜、大阪については２０２５年の空室率が６％を超える**としている。

競争力の低い中小ビルは「しょうみ現在価値」がマイナスに

これだけオフィスがだぶついてきているのに、大量供給を続けていったら東京のオフィス街はどうなってしまうのだろうか？　社人研の推計では2035年までに東京都の人口も減少に転じる。高齢化も進む。需要がいつまでも続くとは思えない。

そんな未来図を見通す動きがある。大型ビル売却が相次いでいることだ。

大手音楽会社のエイベックスが南青山の本社ビル売却を決めたのに続き、電通グループなどの検討も伝わっている。エイベックスと電通グループは売却後もテナントとして入居する**「リースバック」**だ。

経営上、売却せざるを得ない企業がある一方で、戦略的に売りに出ている企業もある。例えば、三井不動産だ。新宿副都心の中核である「新宿三井ビルディング」と、東京駅のランドマークである「グラントウキョウサウスタワー」の一部を、REIT（不動産投資信託）に売却したのである。三井不動産は都心部の再開発によって保有する物件が増えており、一部を現金化することで新たな開発計画に資金をシフトする狙いがあるようだ。リクルートホールディングスや横浜ゴムなども、経営判断として本社ビルの売却に踏み切った。

コロナ禍による経営悪化が深刻でない企業までが相次いで大型ビルの売却に動く背景には、「本社を所有して資金を寝かせることは財務戦略的にデメリットだ」という考えの浸透がある。一般事業会社がお金をかけてまでビルを持つ必要がどこまであるのかと自問自答した結果、高値で売れるうちに売っておこうと判断したのであろう。これは「コロナ前」からあった動きだが、コロナ禍を契機に同調する企業は増えてくるとみられる。

もう1つ、オフィスの未来図を見通すために注目すべきポイントは、空室率が高まっているタイミングにもかかわらず積極的な買い手が存在することである。

コロナ禍において日本の不動産市場には海外の投資ファンドが強い関心を持って進出しており、買い手はいくらでもいるというのが現実である。投資ファンド側は、どこに商機を見出しているのだろうか？

テレワークが進んだといっても、全体からすれば少数派である。東京の本社を地方に移す動きについてもパソナグループなど限定的であり、大きな流れにはなりそうもない。一方、感染収束後は営業職を中心としてオンラインから対面での活動に戻す動きが強まるものとみられる。得意先や関連企業へのアクセスが便利な場所にオフィスを求めるニーズが小さくなることは考えづらく、省庁や行政機関との連携を密にせざるを得ない企業も、都心部にオフィスを置かざるを得ない状況は変わらない。

不動産投資ファンドは、オフィス需要が全体として低迷したとしても、物件ごとにとらえれば差異が大きいと見ている。オフィス需要の縮小は不動産市場全体としてはマイナスでも、大型ビルに限ってはその心配はほとんどないと考えているのである。

空室率の高さに表れているオフィス需要低迷のしわ寄せがどこに行くかといえば、築年数の古い中小ビルである。そのカラクリは次の通りだ。

立地が良くスペックの高い大型ビルを事業会社から購入した投資ファンドは、使用する電力をすべて再生可能エネルギーで賄うなど付加価値をさらに高めた上で、値引きをはじめとする好条件を提示して、近隣のビルに入居するテナントを奪い取る動きに出る。テナントにとっては、割安で大型ビルに入居できることは会社の信用力を高めるうえでもメリットが大きい。こうしてテナントを奪われた近隣のビルは、さらにスペックの低いビルからテナントを奪うという〝玉突き〟が発生するというわけだ。最終的には競争力の低いビルが、オフィス需要が減ったぶんの割を食うこととなる。

実は、こうした動きは不動産投資ファンドが登場しなくとも起こっていた。先にも紹介した通り、空室率が深刻化しつつあるのに、新規オフィスの建設ラッシュは止まらないからだ。こうなると、新規の大規模ビルであってもテナント探しに苦労することになる。すでに、今後開業する大型ビルでさえ、デベロッパーがテナント側に値引き交渉を始めているケースが見られる。まさに弱肉強食の世界である。

割を食った競争力の低い中小ビルは、最悪の場合には「正味現在価値」（投資によって得られる利益を示す指標）**がマイナスとなる。**ビル経営としての行き詰まりだ。ただ、こうした物件が更地になるのかといえば、そうはならない。土地所有者が東京都心の一等地をただ遊ばせておくことは考えづらいからである。

廃ビルがビジネスホテルや賃貸住宅などへと衣替えするケースはかねてよりあったが、オフィスのだぶつきを考えれば、今後はマンションとして建て替えられることも予想される。コロナ禍によるオフィスビル需要の低迷が、結果として東京都心部に大量の住宅供給をもたらす結果に終わるかもしれない。そうなったら、テレワークが「地方回帰」ではなく「都心回帰」を促す皮肉となる。

名古屋駅前の大規模再開発がちゃっこう延期に

空室率の上昇は、地方や、東京都内でも都心部以外では、再開発計画にブレーキをかける形となって影響が現れている。**名古屋駅前の巨大プロジェクトまでが着工延期に追い込まれた**のだ。人口減少による国内需要の落ち込みは地方都市ほど早く現れることを考えれば、三大都市圏の一角である名古屋で開発にストップがかかった衝撃は大きい。コロナ禍が何年も早く、地方都市の中心市街地で起きることを見せたと言ってよいだろう。

同プロジェクトは名古屋鉄道（名鉄）のほか近畿日本鉄道（近鉄）など4社が共同で、南北約400メートルのビル群を一体的に再開発するという敷地面積約2万8000平方メートルもの巨大な計画であった。2022年度に着工する予定だったが、開発規模や完成時期を改めて検討し直し、2024年度をめどに方向性を決定するという。

計画見直しの背景には、JR東海のリニア中央新幹線の開業の遅れもあるが、テレワークの普及に伴う名古屋駅周辺のオフィスの空室率の上昇が決定打となった。いまさら巨大なビルを建築しても、テナント集めに苦戦するという懸念があるのだ。

名古屋駅前ほどの規模ではないが、各地で駅前再開発の見直しが続いている。JR宇都宮駅、JR西日暮里駅、JR三ノ宮駅、JR福山駅の駅前再開発計画も、十分な集客が見込めないなどの理由により相次いで見直された。いずれも数十年先を見据えて、長い時間をかけて練られてきた計画である。それだけ、オフィス街のビル需要の変化が大きかったということだ。

開発主体の判断で白紙化する計画がある一方で、コロナ禍においては需要が見通せない開発を中止するよう、市民団体などが見直しを求めるケースも目立ってきた。コロナ禍がもたらしたテレワークの普及は、「駅前を開発すれば地域経済が活性化する」という、地方都市開発をめぐる〝過去の常識〟を否定し始めている。今後の地方都市の再開発に対する意識を大きく変えていく転換点となるかもしれない。

改めて振り返れば、政府が推進してきた量的緩和策によって、国内の金融市場に莫大なマネーが供給された。一方で安倍晋三政権は成長分野の育成には目立った成果を上げられず、経済低迷が続く中で貸出先を見出せない銀行など金融各社が目を付けたのが不動産の大規模開発であった。

不動産開発ならば土地と建物という現物があるため、企業の新規事業と比較して圧倒的にリスクが低い。金融各社は大型開発を仕掛け、本来、建て替えの必要のない企業までが新しいビルの建設に乗り出す異常な状況が続いてきたのである。

コロナ禍による急速な需要低迷が、図らずも過剰供給の実態を浮き彫りにしたということだ。

２０３０年代半ばまで人口がそれほど減らない東京都においても、勤労世代は減っていく。経済成長による需要増だけでは空室率を下げられない時代が遠からず到来する。コロナ禍における空室率の上昇は、「人口減少社会におけるオフィス過剰」という現実を一足早く見せつけたのであり、不動産神話の崩壊の始まりと位置付けられよう。

【問題12】の答え：B

問題13　交通と都市

都心の終電時刻が繰り上がると、地方自治体の□□が減る

Ⓐ 若者　Ⓑ 企業　Ⓒ 税収

終電時刻が□分繰り上がった路線も

コロナ禍において、多くの人に影響を及ぼしたのが、「終電時刻の繰り上げ」であった。例えば、JR東日本や私鉄各社が相次いで実施に移した。鉄道の運行時間をめぐっては、人口減少に伴い大都市の郊外でも始発時刻の繰り下げや運行間隔を広げる動きがこれまでも見られたが、都心を走る山手線や中央線などのメイン路線の終電時刻まで繰り上がった影響は小さくない。

各社とも長きにわたって利便性を高めるべく運行本数を増やしてきただけに、百八十度の方針転換である。コロナ禍で外出自粛やテレワークが進み、経営上の決断を余儀なくされたという印象を受ける。

利用者減が大きな理由の1つなのだから、「繰り上げ」当初は別として、深夜時間帯の運行本数そのものが徐々に減っていくと考えるのが自然である。

大都市の場合、多くのビジネスパーソンは電車やバスを乗り継いで通勤している。オフィス街の終電時刻繰り上げは、郊外の駅で接続するバス路線の縮小にも波及していくだろう。乗換駅の終電時刻、最寄り駅の最終バス時刻の繰り上げも考慮に入れなければならない。

オフィス街の終電時刻は30分程度の繰り上げかもしれないが、自宅に帰るまでのすべての公共交通機関の繰り上げを考慮すると、「実質的な終電時刻」はもっと早くなるということだ。

そうなれば、残業時間に制約が生じ、企業は働き方の見直しを迫られる。多くの人の帰宅時間が早まれば、仕事帰りに立ち寄る飲食店などの閉店時間も早まる。繁華街では深夜営業の時間帯の見直しが加速し、オフィス街周辺や歓楽街の風景は大きく変わるだろう。

それは同時に、東京圏や大阪圏の縮小の始まりを意味する。東京や大阪のような大都市圏は、鉄道の沿線開発とともに郊外へと街並みを広げてきた。東京圏で言えば、衛星都市は群馬、栃木、茨城といった北関東各県の一部にまで広がっている。「実質的な終電時刻」が大幅に繰り上がったなら、こうした外縁部からの通勤は困難となる。

見直されるのは、終電時刻だけでない。一部では始発時刻の繰り下げや運行間隔を空ける路線もあったが、鉄道各社はただでさえ人口減少による乗客減に頭を悩ませていただけに、終電時刻が繰り上げられたことを契機として、都心部から離れた乗車率の低い路線などで、運転本数の削減傾向は強まるだろう。

実際、南海電鉄は２０２１年5月に22時以降の運転本数を減らした。ＪＲ西日本も同年秋のダイヤ改正で昼間帯を削減する。

テレワークが普及したといっても、一部の企業や職種に限られる。多くの企業は出社とテレワークの併用という形をとるだろう。国交省のアンケート調査によれば、新型コロナウイルス感染症の拡大後に鉄道通勤をやめた人は東京都在住者の11・7％、大阪府では９・８％で、減り幅が大きいとは言えない。まだまだ多くの人は今後も電車やバスを乗り継いで通勤するということだ。郊外の駅などで利便性の悪さが際立つようになれば、乗り換えなくても済むエリアへ引っ越す人が増えるに違いない。

大都市圏の外縁部の地方自治体における宅地開発にはブレーキがかかり、**地価の下落を招けば地方自治体の税収減少にもつながる**。まるで、ブラジルの1匹の蝶のはばたきがアメリカで竜巻を引き起こしてしまうというバタフライ効果のようである。

中長期的には、都市の在り方や町づくりに多大な変化をもたらし、膨張一本槍であった東京圏や大阪圏はその姿を大きく変える。ただし、大都市圏の縮小は、鉄道の運行時間の短縮や運行本数の減数が引き金となるかもしれないが、それ自体が要因ではない。

先にも述べた通り、日本全体で人口減少が進む中で、東京都も２０３０年頃から本格的な人口減少に転じると予想されている。高齢者数も激増する。都市として求められる役割や機能が大きく変わっていくのに、**東京圏や大阪圏の外縁部に位置する地方自治体が、いつまでも衛星都市で在り続けると考えることに無理がある**のだ。

コロナ禍がそうした「現実」を時間のコマを早回しして突き付けてきている。これを機に、大都市圏が人口激減時代にどうあるべきかを考え直す必要がある。

【問題13】の答え：C

問題14　東京都と人口移動

東京都が人口減少してしまったのは、隣接3県などへ、□代夫婦を中心に流れたから

Ⓐ 30　Ⓑ 50　Ⓒ 70

東京都の人口は□□00万人を突破してすぐ割った

コロナ禍では東京都の人口減少も起こった。

東京都統計部によれば、2020年12月の動きを捉えた「2021年1月1日現在人口」は前月より2489人減って1396万2236人となった。2020年を通年で見ると、5ヵ月連続で前月を下回ったことになる。2021年2月には、24年8ヵ月ぶりに前年を下回った。

「2021年4月1日現在人口」は前月より1万5155人増の1395万7179人となり、8ヵ月ぶりに人口減少に歯止めがかかった。新年度がスタートし、入学や就職で上京する人が多かったということだ。ただ、2020年4月は前月比で3万8831人増えて

いたのに比べると、増え幅は半分ほどだ。依然として本格的な回復とはいえない。

東京都の人口は、1回目の政府の緊急事態宣言下にあった2020年4月を捉えた「5月1日現在人口」が1400万2973人を記録し、初めて1400万人を突破した。

ところが5月に入ると減り始め、翌月の「6月1日現在人口」は3405人少ない1399万9568人となった。**突破した翌月にはもう1400万人を割った**のである。以後は概ね下落傾向をたどり、12月までのトータルでの人口減少幅は4万4579人である。

しかしながら、2020年を年間集計してみると、むしろ前年より8600人増えており25年連続での人口増加である。7月以降は人口減少局面に入ったものの、「2020年1月1日現在人口」を下回る水準にまでは下がっていないということだ。

人口が減り始めた要因を確認してみよう。都の資料によれば、2020年の自然増減(出生数と死亡数の差)は1万8537人の減少であった。内訳は、日本人が2万1006人減、外国人は2469人増となっており、相変わらず日本人において亡くなる人が多く、生まれてくる子供が少ない状況が続いていることが分かる。

一方、社会増減(他の道府県との移動の増減)は、2万9618人の増加だ。日本人は3万7505人増えたが、外国人は7887人の減少であった。東京都は新型コロナウイルスの感染者が国内では突出して多いが、「過密都市は感染症に極めて弱い」という事実を知ってもなお、地方から引っ越してくる人の流れは止まっていなかったということだ。

外国人については、各年の「1月1日現在人口」をチェックすると、２０１４年から続いてきた増加の流れがストップした。コロナ禍で来日が困難になったことに加え、都内に働き口が減ったことが背景にあるのだろう。

自然増減および社会増減の数字を整理すると、少子高齢化に伴う人口減少を、他の道府県からの流入と外国人の出生数で補い、人口増加をもたらすという従来の構図は変わっていないことが分かる。「コロナ禍で東京一極集中の潮目が変わった」という見方も少なくないが、**一極集中は依然として続いており、新局面に突入したと判断するのは早計**のようだ。

一方で、これらの数字だけでは、東京都の人口が減り続けていることの説明としては足りない。そこで、総務省の「住民基本台帳人口移動報告」を確認する。数字の捉え方が東京都のデータとは異なるが、傾向を把握するには十分である。

同報告によれば、２０２０年の年間集計では「コロナ前」の1～3月の転入超過分という〝貯金〟もあって、最終的には3万１１２５人の転入超過であった。だが、２０１９年の８万２９８２人と比べると62・5％もの大幅減となっている。２０１９年の東京都は神奈川、埼玉両県の転入超過数の約3倍であったが、２０２０年は両県とほぼ同規模となった。

２０２０年度として見ても、東京都は７５３３７人の転入超過であったが、２０１９年度は8万3455人なので、下落率はさらに大きく91％減となった。

月別に捉えてみると、転機が訪れたのは2020年5月（1069人の転出超過）であった。1996年から転入超過を続けてきたが、24年ぶりに転出超過に転じたのだ。6月こそ1669人の転入超過に戻ったが、7月に再び2522人の転出超過となり、以降12月まで続いたため、2020年は計7ヵ月の転出超過となった。進学や就職で人が動く3月には、前年を上回る数の転入超過となっていたが、政府の緊急事態宣言の発出を皮切りに、流れが大きく変わったということである。

46道府県すべてで東京都への転入者数が減っており、コロナ禍で東京都へ流入する勢いに陰りが見えた。特に減ったのは神奈川、埼玉、千葉の隣接3県および大阪、愛知、北海道、福岡といった大都市を持つ道府県であった。

他方、注目すべきは東京都を離れようという人は増えていることだ。9月は前年同月比12・5％、10月は10・6％、11月は19・3％、12月は17・1％もの伸びを示し、年間を通じての転出者は前年比4・7％もの大幅増となった。

東京都は転入者が減り、転出者が増えるというダブルパンチとなりながら、何とか転入超過を維持したということだ。しかしながら、ここまで転入超過幅が小さくなったのでは、自然減少をカバーし切れなかった。これが東京都の人口が減り続けている原因なのである。

都心へのアクセスが良いたま地区東部は人口増加

では、東京都を出ていった人はどこに移り住んだのだろうか？

２０２０年の東京都からの転出者は、40万１８０５人と全国トップであった。転出者の行き先としては、埼玉県へ７万４６５９人、神奈川県へ９万１６６９人、千葉県へ５万６１８６人である。

多くの人は「地方回帰」ではなく、東京圏の中で引っ越していたのだ。ちなみに、東京都に対して埼玉県は１万１４３１人、神奈川県６８７４人、千葉県４５３９人の転入超過となっている。

東京都内でも郊外へと引っ越す動きが見られる。東京都統計部の資料を見ると、２０２０年を通じての地域別人口増減は三鷹市や調布市、立川市など、**都心へのアクセスが良い多摩地区東部の自治体では軒並み人口増加**となった。

12月における都内間移動を見ると、区部が３０７９人のマイナスだったのに対し、多摩地区を中心とする市町村部は６４７人のプラスであった。

では、どういう年齢の人が動いているのだろうか？

「住民基本台帳移動報告」の２０２０年度で５歳階級別をみると、10代後半と20代前半・

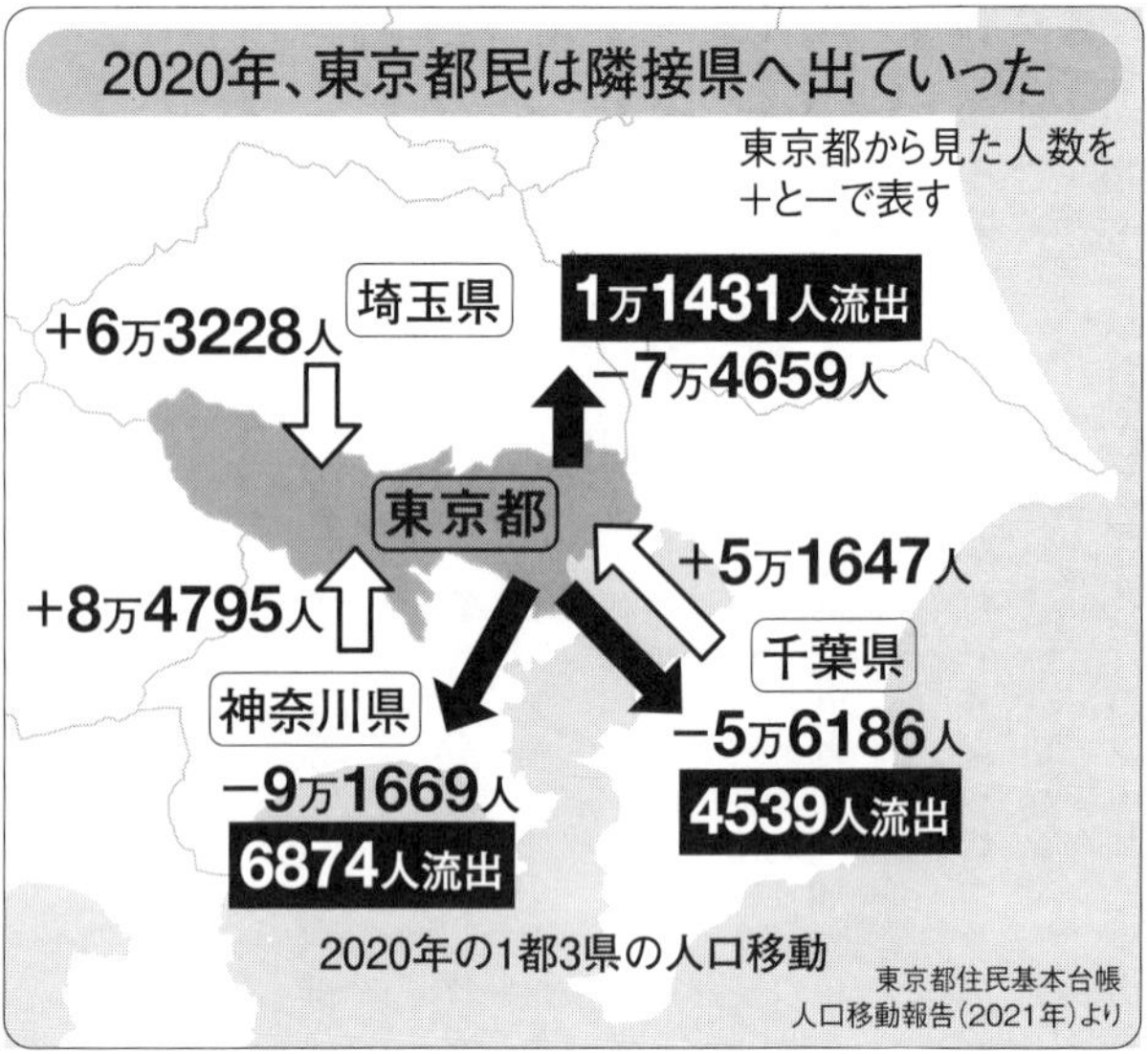

後半の東京都への転入超過が続いていた。だがその超過幅は前年と比べて縮少。とりわけ25〜29歳は２０１９年度の２万２０３５人から８５６７人へ激減した。

大きく行動パターンが変わったのが30〜34歳である。前年度は３９１３人の転入超過だったが、２０２０年度は８９７３人の転出超過へと百八十度の大転換となったのだ。一方、0〜4歳および30代後半以降は２０１９年度において転出超過であったが、転出超過数の幅が拡大したのである。

進学や就職で東京都への引っ越しを予定していたのに、コロナ禍で来られなくなった20代以下の若者が大幅に増えた一方で、**30代夫婦を中心に、隣接3県などに新居を求める人が増えた**という2つの理由が重なったということであろう。

ペアローンはは破たんリスクが大きい

東京都を離れる人が大幅に増えた要因は大きく2つある。

1つはテレワークによる**在宅勤務やオンライン授業の普及**だ。これまで、大都市圏では通勤を前提としてオフィスまでの利便性を重視する住まい選びをする人が多かったが、その必要がなくなった人が増えた。

テレワークが普及したのだから、東京圏を離れて「地方」へと転居してもよさそうだが、そうはいかない事情がある。現在、テレワークは過渡期にあり、多くの企業は通勤と在宅のハイブリッド型勤務としている。月に何度かの出勤日や、子供の進学先選びを考えると、思い切って故郷にUターンすることなどは難しいのだ。

30代以上となれば、結婚や出産で家族の人数が増え、広いスペースの物件への転居を考える人が増える。子育てや年老いた親の将来的な世話を考えて、ゆとりある環境へのニーズも大きくなる。

しかも、夫婦がともにテレワークで、子供もオンライン授業となれば、それぞれの仕事部屋が必要になる。郊外ならば部屋数の多い物件を手ごろな価格帯で入手しやすく、密集も避けやすいので感染リスクも軽減できる。住環境と都心のオフィス街への利便性の双方を重視した結果、テレワークと通勤の両立を図れるエリアを選ぶ人が多いのだろう。

もう1つの要因は、**コロナ禍の影響で収入が減少した人々が、住宅コストの高い都心部や駅前といった交通の利便性が高いエリアに住んでいられなくなった**ことである。飲食業では時間短縮営業の影響で給与が半減したという極端なケースもある。これでは家賃や住宅ローンの返済計画を一から見直さざるを得ない。収入が減って転居せざるを得なかった人の中には、テレワークに向かない仕事をしている人もいるため、東京圏を遠く離れるわけにはいかないという事情の人も少なくない。

共働き世帯の増加に伴い、夫婦などの収入を合算した**「ペアローン」**を組んで住宅資金を借り入れる世帯が増えている。夫婦のどちらかだけがローンを組むだけでは入手困難な、都心のマンションなどを購入できるとあって人気を呼んでいるのだ。

しかも、晩婚化が進んでいるため、定年退職までに完済しようとして、1ヵ月当たりの返済額を精一杯大きくしている人もいる。

一般的に、返済の余裕度合いを測る「返済負担率」(年収に占める年間返済額の割合)が30%を超えると余裕がなくなるとされる。住宅金融支援機構の「フラット35利用者調査」(20

20年）によれば、2019年の総返済負担率が「30％以上」という人は10・2％だ。10人に1人は収入減をきっかけにローン破綻する〝綱渡り〟の返済計画を立てているということであり、ペアローンを組んでいる人もこの数字に含まれるだろう。

そんな中でのコロナ不況で、想定外の給与カットやボーナス削減に遭った人は少なくない。ペアローンの場合、夫婦の両方どころか、**どちらか一方でも収入が減ったなら、たちまち破綻**する。2人が連帯しているぶん、破綻リスクも2倍となる。

もちろん、ペアローンに限らずコロナ不況でローンの返済が難しくなった人は少なくない。住宅金融支援機構の「住宅ローン貸出動向調査」（2020年）が、金融機関が懸念する住宅ローンの問題を調査しているが、「景気低迷による延滞増加」との回答が50・2％となり、前年の調査の33・0％を大きく上回った。

同機構のデータによれば、ローンの条件変更承認件数は2020年6月、7月にそれぞれ1000件を超えるなど感染拡大につれて急増した。収入の多寡にかかわらず、住宅ローンを返済できなくなって、涙ながらに自宅の売却に踏み切るケースが増えているのだ。

収入の減少で賃貸物件の家賃を支払い切れなくなった人も少なくない。こうした人たちが、都心部や交通が便利なエリアから追い出されるように、住宅コストの安い隣接県など郊外へと移り住んでいるのである。

富裕層の「しょくじゅうきんせつ」の動きは続く

郊外に移り住む人が増えると聞くと、かつてのような大都市のドーナツ化現象を思い浮かべるが、コロナ禍においてはそういうわけではない。

東京圏の郊外へと移り住むのとは正反対とも言うべき動きも目立つ。東京都の都心部にある高級マンションなどの売れ行きは好調であったのだ。

「コロナ前」から東京の都心部は外国人投資家に人気が高かったが、日本の感染者が米国などに比べて圧倒的に少なく、投資マネーが流れ込んだことが一因だ。もう1つは「K字経済」の影響だ。コロナ不況にあっては巨額の赤字を出す産業がある一方、「増収増益」となった企業は少なくない。個々人としてもむしろ収入が増えた「コロナ勝ち組」のパワーカップルなどには、オフィス街に近いエリアにマンションを求める動きが続いているのである。先述したようにテレワークが普及しても、たまには通勤せざるを得ない人は多い。通勤中の感染リスクを減らすため、なるべくオフィスに近いエリアを選んでいるのだ。「コロナ前」から一部の**富裕層にはオフィス街に近い地域への「職住近接」の動きが見られた**が、アフターコロナになってもこれは続きそうである。

こうした動きに拍車をかけたのが、前項で紹介した住宅ローン破綻だ。世の無常とも言えるが、自宅を手放す人が増えた結果、良質な中古物件に割安感が出たのである。

東京都統計部の資料によれば、2020年の年間で中央、江東、品川、世田谷の4区は2000人以上の人口増加となった。千代田、文京、台東、墨田、渋谷、練馬の6区も前年を上回った。一方、新宿、豊島、江戸川の3区は2000人以上の減少となった。板橋、杉並、大田など10区も人口減少となった。

タワーマンションが一棟建つだけで人口の動きに大きな影響を与えるので、区ごとの人口増減だけでは一概に傾向を分析できないが、オフィス街に近い区を中心に人口が増え、比較的住宅街の広がる区では減っている印象だ。

住宅価格の二極化も進んでいる。東京の都心部では高所得層の購買意欲の盛り上がりとともに高価格帯のマンションが値上がりしている。一方、都心から離れた区部や郊外では低価格の戸建ての需要が減少して値下がりが顕著である。コロナ不況が長引く中で、収入が大きく減ったわけではない中所得層に新規購入をためらう人が増えているのである。

「K字経済」が、住宅価格の動向に影響を与える弊害は大きい。地域間の格差拡大を招くからだ。都心部に高所得層が集まりすぎると税収の開きが大きくなり、行政サービスや福祉、教育の水準にも差が出てくるからである。格差の固定は、東京の街づくりを難しくする。

コロナ禍にあって、本格的なドーナツ化現象が起こりそうにないのは、4人家族が主流で三世代同居も普通であったかつてとは違い、単身世帯や2人世帯が増えたことと関係がある。家族の多い世帯が郊外に新しいライフスタイルを求めるのに対し、１人暮らしは都市機能に「利便性」を求めるという、「住宅」に期待するものの違いである。

　コロナ禍は東京都の人口減少と東京圏の郊外への人の流れを強めたが、東京都の人口が２０３０年頃から減り始めることは「コロナ前」の段階で推計されていたことである。そうした意味では、これらの動きもコロナ禍がもたらしたというよりは、時計の針を進める役割を果たしたといえよう。

　どんなにテレワークが普及し、通勤が〝過去のもの〟になったとしても、東京がただちに輝きを失うわけではない。アフターコロナの時代でも、国際都市として人々を魅了し続けることだろう。再び、東京都は地方から人を集める勢いを取り戻すかもしれない。

だが、地方で少子化が進む以上、それも長くは続かない。東京都が〝飽和状態〟にあることも疑いようがない。そうした意味では、コロナ禍が、東京都が「１４００万都市」であることをわずか１ヵ月しか許さなかったのは象徴的であった。人口減少に耐えられる街に変わることを、２０３０年を待つことなく迫ったのである。

　パンパンに張り詰めた東京都に起きた小さな変化は、時代のうねりを示唆している。

【問題14】の答え：A

問題15　大都市圏と人口移動

コロナ禍が地方消滅のスピードを速めるのは、若い□□の東京集中を促したから

Ⓐ女性　Ⓑ男性

東京都に転入した数は□性が□性の3・5倍

問題14では、コロナ禍において東京都の人口が減少したことを確認したが、全国的な人の動きはどうなっていたのだろうか？

総務省の「住民基本台帳人口移動報告」（2020年）をチェックしていくと、その輪郭が浮かび上がってくる。そこから見えてくるのは人口減少後の日本の姿である。

2020年の東京都は感染が拡大した5月以降、6月を除いて12月までの計7ヵ月にわたり転出超過が続いたことはすでに紹介した通りだが、これを男女別にすると、東京都と地方圏の関係が鮮明に表れる。

最初の緊急事態宣言が発出された4月の東京都への転入超過数は、**女性が男性の3・5**

倍に上る。前年同月比でみると男性は4892人から1001人へ80％減となったのに対して、女性は8181人から3531人へ57％減にとどまったためだ。

なぜこれだけの開きが生じたかといえば、東京都への転入者の大半が20代前半だからである。女性の場合、地元に希望する就職先がないために上京するケースが少なくない。こうした人々は、東京都の感染者数が多いからといって簡単に就職先を変更できるわけではない。感染リスクよりも就職先の確保を優先せざるを得ないということだ。

男性は、女性に比べれば地元で正規雇用の仕事を見つけやすい。就職をめぐる男女の状況の違いが、数字の大きな開きとして表れたということである。

女性の東京流入の勢いの強さは、その後も続いた。東京都が転出超過に転じた5月は男女とも転出超過となったが、男性860人に対し、女性は4分の1の209人にとどまった。緊急事態宣言が明けて揺り戻しが起きた6月は、男女とも転入超過に戻ったが、男性438人に対し、女性は2・8倍の1231人だ。

7～12月は再度、男女とも転出超過となったが、どの月も男性の数字が大きい。男性は感染状況を見て地元に残る人、東京を離れる人が多く、女性は上京する人、東京に残る人が多いことを窺わせる。東京都にとどまる女性が多かったのも、雇用環境の悪化が要因だ。コロナ不況は飲食業などに甚大な影響を及ぼし、女性の雇用が著しく悪化したが、それに加えて地方経済の落ち込みが激しかった。地方に戻ったら余計に仕事を見つけづらく、東京にとどまり続けるしかなかった人が多かったのである。

転入超過数を男女比で計算してみると、女性のほうが多いのだが、2020年は223%となり前年より88ポイントもの激増となった。**コロナ禍はむしろ若い女性の東京集中を促した**ということである。

「東京」の意味が「東京都」から「東京けん」へ置き換わった

少子化が進む日本においては、出産可能な年齢の女性の人数が、その地域の将来人口を左右する。当たり前の話だが、どんなに人口が多い市町村でも、高齢者ばかりで溢れ、出産可能な女性が皆無であれば、その人口は減る一方である。こうした観点からすれば、コロナ禍は**地方消滅のスピードをさらに速めた**ともいえる。先に、「閉鎖性」が地域経済の落ち込みに拍車をかけていることを指摘したが、それはこうした根源的な危機をも招いているのである。

東京都はコロナ禍にあっても、全国で最も他の道府県から人口を集めたが、東京都以外では神奈川（2万9574人）、埼玉（2万4271人）、千葉（1万4273人）、大阪（1万3356人）、福岡（6782人）、沖縄（1685人）、滋賀（28人）の7府県が転入超過となった。

これは2019年と同じ顔触れだ。千葉県は前年比49・6%もの増加である。

ただ、2019年と比べると東京都は5万1857人減、埼玉県は2383人減、滋賀県は1051人減となっており、人を集める力が弱ったことを示している。東京都の場合、男性は前年の約27・3%、女性は45・1%の水準にまで下落している。残る5府県は2019年に比べると転入超過数が増えた。

大阪府の転入超過数1万3356人は、前年比では1・66倍だ。福岡県は2・32倍である。両府県の人口を集める力が大きかったことが分かる。しかしながら、8都府県の転入超過数を合計した12万1094人を100%とした場合のそれぞれの都府県が占める割合を計算してみると、全く違う姿が見えてくる。

東京都が25・7%を占め、続いて神奈川県が24・4%、埼玉県が20・0%、千葉県が11・8%で、東京圏だけで8割を占めている。大阪府は11・0%、福岡県は5・6%にすぎず、両府県は前年に比べれば状況が改善したが、全国各地から勢いよく人口を集めるまでの存在にはなっていないのだ。

前年比で転入超過幅が大きく伸びた大阪府でも、対東京都で見ると5698人の転出超過となった。ただし、前年に比べれば3割ほど減った。

これらの数字は2つのことを示している。1つは、**コロナ禍をもってしても東京一極集**

中は止まらなかったものの、東京都が人口を吸引する勢いを緩める程度の影響はあったということだ。もう1つは、**コロナ禍が東京一極集中の「東京」の意味を、「東京都」から「東京圏」へと置き換えた**ということである。

コロナ禍によって地方移住の関心は高まった。内閣府の「新型コロナウイルス感染症の影響下における生活意識・行動の変化に関する調査」（2020年5〜6月）によれば、東京23区に住む20代の11・8％が「関心が高くなった」と回答、「関心がやや高くなった」（23・6％）と合わせて3人に1人が関心を寄せていた。

だが、実際に踏み切る人は限定的だった。地方から神奈川、埼玉、千葉の3県へは東京都に次いで転入超過数が多いことからも分かるように、実際には地方圏から東京圏へと人口が集まってきていたのである。

大阪府では「逆□□□□化現象」が起きる

他方、全国規模ではないにせよ、コロナ禍で大阪府に人口を集める勢いが出てきたことは事実だ。では大阪府はどこから人が流れ込んだのだろうか？

大阪府の転入超過を分析すると、兵庫県（4445人）、京都府（3458人）、和歌山県（1585人）など通勤圏の隣接県が上位を占めた。コロナ禍で仕事を失い、大阪府内に再就職先を見つけたり、電車通勤の感染リスクを考えて職場に近いところに引っ越したりという人も少なくなかった。

東京都では隣接県へと引っ越すという、ゆるやかなドーナツ化現象が生じ、**大阪府は周辺府県から集める逆ドーナツ化現象が起きる**というコントラストを描く結果となったことは興味深い。日本生産性本部の「第5回働く人の意識に関する調査」(2021年4月)によれば、テレワークの実施率は1都3県の30・7%に対し、大阪府と兵庫県は18・4%と大きな差があるが、大阪府、兵庫県のほうがテレワークに馴染まない製造業や中小企業が多いためとみられる。

大阪府の転入超過に関して特筆すべきは、愛知県が第4位の人口供給地となったことだ。愛知県から大阪府への転入超過数は1327人で、2・36倍(前年比)の急増である。

2020年の「住民基本台帳人口移動報告」を見ると、コロナ禍で最大の人口流出に見舞われたのが愛知県であった。転出超過数は7296人である。

愛知県といえば三大都市圏の中核であり、2018年までは転入超過県の一角を占めていた。2019年に転出超過が1931人となって社会減少に転じたばかりであった。コロナ禍で一気に悪化した形である。

2020年3月の引っ越しシーズンに転入超過数が伸び悩み、その後も挽回できなかったためだが、愛知県は「コロナ前」の2019年後半から県外流出の傾向が見られた。

愛知県の産業といえば、トヨタ自動車をはじめとする製造業が中心である。米中貿易戦争や消費税率引き上げなどの影響を受けていたところに、コロナ禍が直撃して雇用情勢が一気に悪くなった。

業務の縮小で仕事を失った人たちは愛知県内で転職先を見つけようにも転職市場そのものが小さいため、東京都や大阪府などに仕事を求めて移動したということである。

ちなみに、2020年の転出超過幅が2019年よりも大きくなったのは愛知県（2019年比5365人増）、兵庫県（同827人転出増）と京都府（同1259人転出増）の3府県だけであった。この3府県を除く他の道県は転出超過ではあったものの、転出超過幅は小さくなっている。

コロナ禍による人々の動きへの影響は極めて限定的であり、コロナ前からあった人口の偏在をめぐる課題は続いている。

【問題15】の答え：A

問題16　日本の医療体制

「コロナ病床」が不足したのは、医療機関が「自由□□制」になっているから

Ⓐ 合議　Ⓑ 報酬　Ⓒ 開業

2020年12月、病床の□・9％は使用されず

コロナ禍は、医療提供体制の脆弱さも明らかにした。新型コロナウイルス感染症の人口当たりの感染者数が英国や米国などの10分の1以下だったにもかかわらず、病床が足りなくなるという、世にも不思議なことが起きたのである。病床不足は、繰り返し緊急事態宣言が繰り返し発出される事態を招いた。

病床の不足といえば、「コロナ前」から団塊世代が75歳以上人口となり、患者数の激増が予想される2024年以降の懸念材料となっていた。コロナ禍が先回りして2024年以降の医療現場をわれわれに突き付けたということである。

感染症には短期間に患者が激増するという特殊性はあるが、そうした要因を除いても日

本は人口当たりの病院数、病床数が先進各国の中で突出して多い。なぜ、そんな日本で病床不足が現実のものとなったのだろうか？

それは、病床数こそ多いものの、重症患者を診るには医療体制が不十分であったり、病院同士の役割分担が不明確だったりしているためだ。しかも、認知症患者も入院する精神病床が病床数を押し上げているという要素もある。

高齢化に伴って疾病構造が変化していくこともあり、地域ごとの病院の再編は「コロナ前」から求められていた。医療提供体制の脆弱さもまた、コロナ禍が見せつけた「積年の宿題」であったのだ。もう少し早く地域医療構想に基づく病床の再編が実現していたら、こうも簡単に医療が逼迫《ひっぱく》する事態とはならなかったであろう。

実際に何が起きていたのかを見てみよう。財務省の資料によれば、２０２１年１月に緊急事態宣言が発出された東京圏では、２０２０年末時点で療養病床などを除いた一般病床の使用率は低下していた。つまり、使用されていない病床の割合が増えていたにもかかわらず、入院先が決まらない患者が増加した。東京都では２０２１年１月17日現在、最大７７００人を超した。

これは東京圏だけでない。全国の病床使用率は２０２０年12月末時点で、一般病床と感染症病床を合わせた88万９７８８床のうち、使用されていた病床は58・１％にあたる51万

6975床にとどまり、**残る41・9％の37万2813床は使用されていなかった**のだ。

驚くことに、「コロナ前」の2019年12月の病床使用率は62％であり、医療提供体制の逼迫が叫ばれながらも、むしろ低下していたのである。

長期入院患者の□割が「コロナ感染症以外」で入院を継続

なぜこのようなことになったのか？

日本の場合には病院数の81・6％、病床数の71・3％を民間病院が占め、その多くは200床未満の小規模病院であるためだ。コロナ患者に対応するためには感染リスクがある場所を区切らなければならず、しかも感染症に対応できる専門医の確保と、一般病床の何倍もの看護師を必要とする。別の病気で入院中の患者を他の病院に転院させなければならないといった煩雑な業務も発生する。

国や自治体からコロナ患者の受け入れを要請されても、小さな民間病院ではそう簡単に対応できないというのが実情なのだ。結果として、体制が整っている公立・公的病院（日本赤十字社など）、民間でも大規模な病院に患者が集中することになったのである。

実は、病床当たりの医療従事者が少ない医療機関ほど受け入れ実績は少ない。厚労省の資料によれば、100床当たりの常勤換算医療従事者数（その病院で働いている医療従事者の

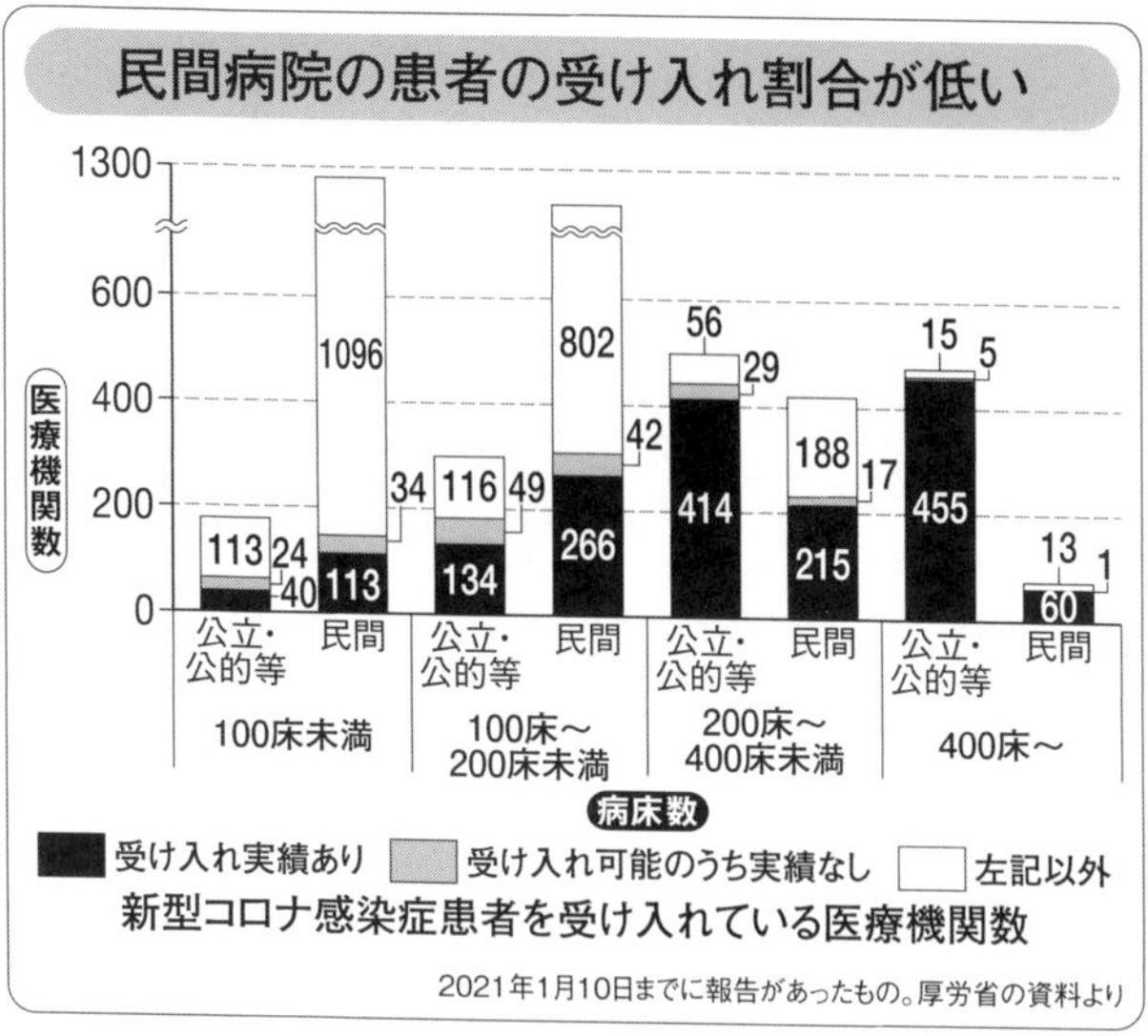

平均数）で受け入れ実績を見ると、110人未満の病院で割合が大きく下がり始めている。

もちろん病床数の問題だけでなく、感染症の専門医が少ないという事情もある。そして、病床不足にさらなる拍車をかけたのが、病院の役割分担と連携のまずさであった。全国医学部長病院長会議の調査結果（2021年1月19日）によれば、1月6日時点で緊急事態宣言都県における中等症・軽症病床の利用状況は「症状無し患者」が33・0％、「疑い患者」が13・6％を占めていた。

全国自治体病院協議会の実態調査結果（2021年3月25日）でも、入院患者の47・0％は軽症であった。患者が次々と運び込まれるという非常事態であり、やむを得ないところもあるが、もう少し調整がうまくいっていれば、重症患者の受け入れを優先・拡大できた可能性が大きい。

他方、大学病院の38％、公立病院の32・1％で後方支援体制が整っていなかったことも、再調査から明らかになった。症状が落ち着いても転院できない患者がいたのである。医療機関の連携がもう少し整っていたとしたら、結果は違っただろう。

医療機関同士の連携不足といえば、目を疑う事例が見つかった。大阪府の資料によれば、コロナ患者受け入れ病院のヒアリング調査（2021年2月5日時点）の結果、**「20日以上の長期入院患者187人のうち6割にあたる113人が『コロナ感染症の症状以外の理由で入院を継続していた』**というのだ。

「転院調整中」が42人、「受入先なし」が5人であった。見逃せないのが、「コロナ以外の疾患」が27人もいたことである。病院間の連携がとれていれば転院可能だったはずだ。

さらに「その他」が39人も含まれているが、その理由は明らかにされていない。まさか病院での治療を必要としなくなってもなお入院していた人は含まれていないとは思うが、コロナ患者以外が長期入院していたのでは病床をいくら新設しても間に合わない。

ただし、小規模の民間病院がコロナ患者を受け入れていないと批判することはお門違いである。先にも触れたが、能力的に、受け入れることが無理だからだ。むしろ、果たすべき役割は、コロナ以外の患者の受け入れであった。こうした役割を果たしていた民間病院もあったが、限定的だった。「コロナ前」に、地域医療構想に基づく役割分担と患者転院の調整機能が強化されていたら、大病院の負担はある程度は軽減できたことだろう。

コロナ患者の治療が一部の病院に集中したことで、医療従事者の繁閑は勤める医療機関によって大きなバラつきが生じることにもなった。日本病院会などの調査によれば、月間80時間以上の時間外労働をした医師数は2020年4～12月のすべての月で前年を下回っている。コロナ禍で過酷な労働環境に置かれたのは、医療従事者の一部なのだ。

もちろん、コロナ患者の治療を直接行っている病院の医療従事者以外にも、PCR検査を行う診療所の医師らの〝体を張った〟活躍もあった。コロナ患者治療の最前線に使命感を持って立ち続けている医療従事者の方々には深く敬意を表したい。

「なんちゃって急性期」病床のぜせいのために

コロナ禍があぶり出した医療提供体制の脆弱さだが、**日本では医療機関が自由開業制になっているところに根本的な要因がある。**経営の自由があるため、地域の医療ニーズの動向とは無関係に、小さな病院が薄く広く各地に点在する形となったのだ。それは、日本が誇る世界一の医療アクセスの良さを実現してきたというメリットでもあるが、感染症が爆発的に拡大する局面にあっては裏目に出たということである。

病院経営に自由があること自体が悪いわけではない。だが、それぞれに経営方針があるため、社会の急激な変化に対応しきれない。コロナ禍のような有事にあっては、医療機関が極めて公的な存在であるがゆえ、自由な経営は社会全体の中で障害となる。

先述した人口減少と高齢化という激変に対しても、病院経営の自由は限界が見え始めていた。地域ごとに病院間で役割分担と連携を図らざるを得ないということは、「コロナ前」からの懸案事項であったのだ。

そうでなくとも、軽症者の大病院受診や、平均在院日数（入院日数）の長さ、あるいは、十分な医療体制を整えていない病院が、高度な治療を施す急性期病床を名乗って高い医療費を受け取る**「なんちゃって急性期」病床の是正**などといった問題の解消策として、病院間の徹底した役割分担の必要性は指摘されてきた。

医療人材だけでなく、地域によっては患者数の確保も難しくなっていく人口減少時代にあって、薄く広く小さな病院が点在するという非効率な運用を持続させていくことはもはや難しい。コロナ禍は、医療資源の散在が低密度医療という弱点となったことを明確化し、民間病院経営者にとって厳しい現実を突き付けたのである。

高齢化による疾病構造の変化に伴って医療需要の質や量が変化することを踏まえ、厚労省は地域医療構想を打ち立て、２０２５年には２０１９年に比べて高度急性期と急性期の病床を18万床減らし、回復期病床を19万床増やす必要があるとした試算をまとめていた。

爆発的な感染症を経験した今、試算の若干の見直しは必要だろうが、地域の中で限られた医療資源を効果的に活用するには重症患者に対応できる治療設備や、それを使いこなせる医療従事者を大病院に集中配置することは不可避だ。中規模病院や小規模病院はそれぞれの役割に応じて重症ではない患者や後方支援に回ることが求められる。日本医療が誇る世界一のフリーアクセスは、かかりつけ医たる診療所が担えばよい。

地域医療構想が遅々として進んでこなかった背景には、民間医療機関同士の利害とメンツのぶつかり合いがあった。だが、少子化で若い医師が減っていくことを考えれば、勤務医の長時間労働の是正も緊急の課題である。コロナ禍をきっかけとして医療界が変わらなければ、医療の質は維持できなくなり、本当の意味での「医療崩壊」が起きることとなる。

救急搬送率は□歳以上になると跳ね上がる

コロナ禍が一足早く見せつけた医療の未来図といえば、救急搬送の逼迫もそうだ。大阪府では、患者の受け入れ先が見つかるまでに約2日間を要したという悲惨なケースも発生した。しかしながら、119番通報をしても、なかなか救急車が到着せず、到着しても搬送先が見つからない事態は「コロナ前」から各地で起こっていたことだ。

消防庁の「救急・救助の現況」（2020年）によれば、2019年の出動件数663万9767件、搬送者数597万8008人で、いずれも過去最多となった。

救急車利用が増えている最大の要因は高齢化である。搬送者数のうち65歳以上の高齢者が358万9055人で60・0％を占めた。1999年は36・9％であった。

搬送の理由を見ると、「急病」が65・6％、「交通事故」は6・9％だ。1999年はそれぞれ55・0％と19・3％であり、「急病」が大きく伸び、「交通事故」が減少した形だが、「急病」の増加は自宅や高齢者施設などで具合が悪くなる高齢者が増えたためである。

消防庁によれば、**年齢が高くなるほど搬送率は高まる。とりわけ、75歳以上になると跳ね上がる。**2019年に搬送された高齢者のうち、4分の3にあたる266万2412人は75歳以上（搬送者全体の44・5％）であった。社人研の推計では、総人口に占める75歳以上の割合はこれから拡大する。

救急車の出動を増やしている1つの要因が、安易な利用だ。「救急・救助の現況」で、2019年の搬送者の傷病の程度を見ると、軽症（外来診療）者が48・0％を占めている。

「タクシー代わりにしている」といったモラルの低さへの批判は昔からあったが、いまやモラルの欠如だけが理由ではない。ここにも高齢化の影が忍び寄っているのだ。

1人暮らしの高齢者が増えて、具合が悪くなっても自力で医療機関に行くことができず、やむなく救急車を呼んでいるケースが増えてきているのである。高齢者数の増大とともに、こうした「不適切な利用」が増加すれば、救急車の台数はさらに不足し、搬送に要する時間が長くなる。2019年の現場到着までの所要時間は全国平均で8・7分、病院収容までの所要時間は39・5分で、どちらも延伸傾向が続いている。

救急搬送者数は20□□年頃にピークを迎える

こうした需要の伸びに対して、救急隊員の確保は追いついていない。「消防白書」(2020年版)によれば、出動件数は10年前と比べて29・6%増加したが、救急隊数は6・6%増にとどまる。すでに需給バランスが崩れ始めているということだ。

2020年時点で実際に従事している救急隊員は6万4531人だ。増加傾向にはあるが伸びは極めて緩やかで、過去10年ほぼ横ばい状態にある。救急隊数は増加しているが、そのペースもゆっくりである。少子化による勤労世代の減少を考えれば、救急隊員の採用は年々難しくならざるを得ず、団塊ジュニア世代が退職期を迎える2030年代に入ると深刻な人手不足となるだろう。

そんな予測を裏付ける試算がある。消防庁の資料によれば、**搬送者数は2035年頃に現在より1割ほど増えてピークを迎える**としているのだ。

横浜市は独自に推計をしているが、2030年の出動件数が2015年に比べて1・36倍の24万3304件になるという。横浜市の場合には1回の出動にかかる活動時間は90分で、このまま推移すれば地区によっては救急車が不足するとしている。これは横浜市に限ったことではないだろう。拙著『未来の年表2』でも指摘したが、近くの病院にスーパードクターがいても、そこにたどり着けないのでは「その地に病院がない」のと同じだ。

他方、小規模の消防本部ではすでに搬送者数の減少が始まっており、それに応じて体制の縮小も進んでいる。しかしながら、地方のほうが高齢化率は高く、救急需要が伸びる可能性はむしろ大きい。体制が縮小する消防本部ほど、救急隊員1人当たりの負担が重くなるという状況も生まれている。

政府は広域化を図るなどしているが、消防本部の対応だけでは限界がある。コロナ禍は医療機関の連携の必要性を迫ったが、それは少子高齢社会にとっても不可欠なことだ。救急隊とも緊密な連携をすることによって1回当たりの活動時間を短縮できれば、救命率もあがる。

【問題16】の答え：C

第2部　日本を守る「切り札」5ヵ条

序　コロナ禍は「社会の老化」を浮き彫りにした

「同調圧力」が強まっていく

少子高齢化がもたらす最大の恐ろしさや弊害とは何だろうか？

それは、総人口に占める若者の割合が小さくなることに伴って、**知らず知らずのうちに社会全体の思考や発想、行動が「守り」に入るようになること**である。「守り」に入れば、やがて社会全体の活力が損なわれ、国家は衰退の道を歩むこととなる。

コロナ禍は図らずも、そんな**「社会の老化」**の実態を浮き彫りにした。

本書の「はじめに」でも指摘したが、コロナ禍において過剰な自粛と萎縮が国民に広がったこと自体が、日本社会の「老化」を示す証拠である。

科学的根拠に乏しく、合理的な説明がないまま中止や自制を求められても、「仕方ないよね」と従ってしまう。

予定通り開催して感染者を出そうものなら、世間の批判の的になる。そんな危険を冒すよりも、最初から中止にしてしまったほうが無難である、といったネガティブな思考パターンに陥っているのだ。

他人の行動がまわりの人々と違うことに口出しをする「同調圧力」も、「社会の老化」が進むほど強まっていく。

思考が「老化」した人々にとって、旧来の価値観が〝絶対〟のモノサシとなりがちであり、それを遵守しない人たちへの攻撃性が増すのである。〝自粛警察〟やあらゆる地方の飲食店街で見られた、「県外の方は入店をお断りします」「当面は常連さんのみの営業といたします」といった店先の貼り紙は不寛容さの象徴だ。市役所が作成し、飲食店に配付していたところまであった。もはや合理的判断のかけらもなく、「社会の老化」以外に説明のしようがない。

国民の平均年齢が「若い国」であれば、「実現し得る方策」を探そうと努力する。ところが、日本のように「老いた国」では〝無難にやり過ごす〟ことを重視する。もちろん、時には無難にやり過ごすことも〝大人の知恵〟となる場合がある。しかしながら、度を越せば社会にとっての害悪でしかない。

現在の日本には、生産年齢人口が増加していた１９９０年代前半までのようなエネルギーが感じ取れない。

若い世代を諦めの境地へと誘う

「社会の老化」に基づく不寛容さの矛先は、往々にして〝未知の存在〟たる若者に向く。無難さに裏打ちされた「大人の論理」を振りかざし、若者を道連れにしていくのである。

最たる例が大学のオンライン授業であろう。対面授業を取りやめた大学では、新入生が一度もキャンパスに足を運ぶことなく、友人ができなかったり、借りたアパートに入居することなく親元に戻ったりという異常な事態が各所で起こった。

大学とは、勉学だけでなく、恩師との出会いや生涯の友を見つける場である。こうした大切な機会を奪ってまで、オンライン授業にこだわるのはどうみても過剰な対応だと言わざるを得ない。学生たちは学外ではアルバイトもするし、当然ながら自由に行動する。キャンパスを閉鎖しても感染リスクはゼロにはならない。キャンパス内での感染防止ばかりを考えるのでは、大学はダブルスタンダードとの批判を免れないだろう。体面ばかりを気にするのもまた、「社会の老化」の典型である。

2020年の高校野球が春だけでなく夏の大会まで中止となったのも同じ理由だろう。プロ野球は観客を入れた試合を開催していた。検査と感染予防を徹底して開催するという選択肢はなかったのだろうか？

高校野球に限らず、他のスポーツの全国大会や音楽コンクールなども中止となったケー

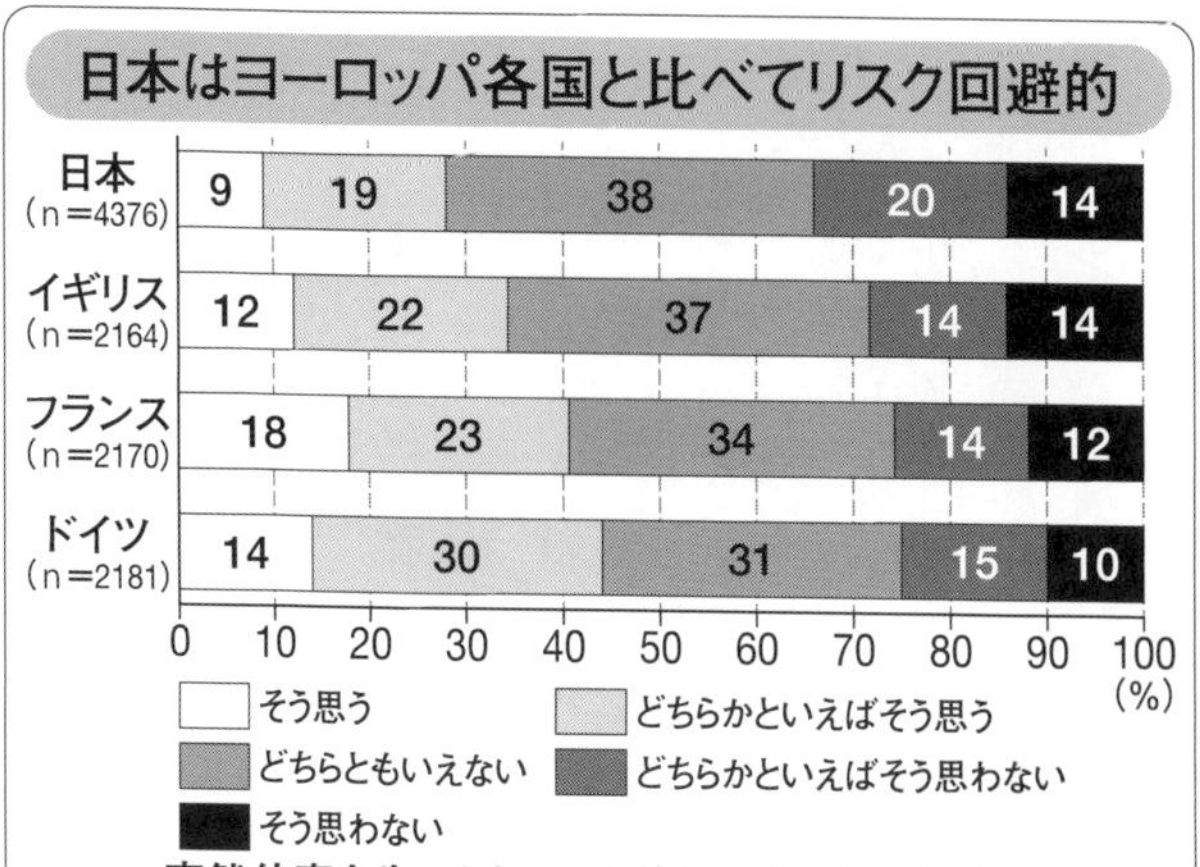

突然仕事を失ったとしても希望の仕事に就けるか

内閣府の資料より

スが少なくなかったが、横並びの意識も見られた。主催者側にしてみれば、〝今年限りの中止〟ということだろうが、毎年進級する生徒個々にとっては、1年の違いは決定的な差である。最終学年の人たちにすれば、二度とチャンスが来ることはない。

無難さを求める「大人の論理」で、生徒や学生のチャンスを奪った罪は想像以上に深い。「運が悪かった」と切り捨てるのは、あまりに気の毒である。

「社会の老化」が恐ろしいのは、若い世代を諦めの境地へと誘うことである。

そうでなくとも、少子化で若い世代の人数が減るにつれて切磋琢磨の機会が減り、他国の若い世代に比べて意識が「安定志向」へと向かいやすくなる。

内閣府の資料「若者等の意識について」によれば、日本は仕事におけるリスク回避の意識が高い。仕事を失ったとしても希望の仕事に就こうとするかの意識については、日本は9％で、フランス（18％）の半分でしかない。管理職への希望も男性27％、女性15％といずれも各国に比べて極端に低くなっている。

高齢者を守ることと若い世代の活動は両立可能

少子高齢化に悩む日本は、「若い国」に比べて大きなハンディキャップを背負っているのである。老いた国だからこそ、「やれることは、多少制約があっても実施に移す」という姿勢を意識的にとらなくてはならない。

コロナ禍のように世界中が同じ理由で経済的苦境に陥り、その復興を同時スタートで競うというシチュエーションは珍しいが、まさに各国の国力が試されている。社会が萎縮し、「無難」を重視していたのでは、日本経済だけが出遅れる結果となろう。

すでに日本の経済回復の遅れを示す予測は出ている。２０２０年度の実質ＧＤＰは、前年度比４・６％減となり、リーマン・ショック時の２００８年度の下げ幅（３・６％）を上回った。事実上、戦後最悪の落ち込みである。

国際通貨基金（ＩＭＦ）が２０２１年４月に発表した世界経済見通しは、２０２１年の全世界におけるＧＤＰ成長率を実質値で６・０％と予測している。しかしながら日本は３・３％でしかなく、日本よりも感染状況が悪かった米国や欧州などよりも低く見積もられている。２０２２年も２・５％にとどまり、２０２１年、２０２２年ともＧ７（主要７ヵ国）で最下位だ。

日本が低く見積もられたのは、ワクチン接種の遅れや日本経済の抱える構造的な生産性の低さなどが要因だが、「社会の老化」による国民の消費マインドの冷え込みがそれに加わったなら、致命的となろう。

「社会の老化」の中で、とりわけ看過できないのが、若い世代に手《て》枷《かせ》足《あし》枷《かせ》を嵌《は》めたことである。政府や地方自治体は、「高齢者の命を守るために、若い方は外出を控えるように」と繰り返し呼びかけた。

だが、政府のこうした考え方は全く見当違いだ。守るべきは、社会の苦境を転じ得る若者のほうである。若い世代の動きが止まったらますます、社会の勢いはなくなってしまう。自ら国家を滅ぼそうとしているようなものだ。

感染弱者である**高齢者の健康を最大限守ることと、若い世代がアクティブに活動することは、両立可能である。**そういう環境を用意するのが政府や自治体の役割であり、日本を衰退から守る重要な戦略なのだ。

やりようはいくらでもあったはずである。陰性が確認された人の社会活動には制限をかける必要はなかった。いまや多くの時間をかけずに陽性かどうかを判定できる検査機器も開発されている。職場や学校の入り口で全員を対象に実施したならば、会社の建物内、校内は「安全な場所」となる。飲食店に入る前に検査して、陰性の人ばかりで会食できれば、休業や営業時間の短縮を要請することもない。

こうした「安全地帯」を一つでも増やしていけば、若い世代への制限を完全に取り除くことができないにせよ、かなり限定的なもので済ませることは可能だ。

〝若い突破力〟に委ねるしかない

どんな時代にあっても10代や20代の若いエネルギーが世の中に新風を吹き込み、社会を変えてきたのである。コロナ禍では目を覆いたくなるような日本の衰退ぶりが明らかになったが、日本の再興は「社会の老化」にとりつかれた人々(年齢のことを言っているわけではない)には無理である。

日本の未来を切り拓こうとするならば、〝若い突破力〟に委ねるしかない。高齢社会であるからこそ、若い世代が活躍しやすい基盤をより整えていく必要があるということだ。

ただでさえ、少子化が深刻化する日本には若い世代が少ない。総務省によれば２０２０

年の15～29歳人口は1831万8000人で、総人口に占める割合はわずか14・6％に過ぎない。「コロナ前」から日本は、新たな文化の創造が難しく、イノベーションが起こりづらい国であったのだ。

行動力に溢れる若い世代が新たな価値観を生み出し、それが社会の活力となってさらに新しいものを生み出していく。この繰り返しが国としての力の源となる。

日本のような「老いた国」においては、高齢者の意見や意向が通りやすく、むしろ若い世代に従来の社会規範を遵守し、価値観に合わせるようプレッシャーをかける。これでは社会が大きなマンネリに陥り、世界から遅れていくのも当然である。成長分野がなかなか登場しないのも、さまざまな分野で国際ランキングが低迷し、国際競争力に陰りが見られるようになったのも、すべての元凶は「社会の老化」にあると言ってよい。

コロナ禍が人口減少を加速させることになり、日本はかつて経験したことのない変革を求められる。「挑戦」を好まない姿勢を続けたのでは、日本社会は想定以上に早く衰退のときを迎えよう。若い世代に手枷足枷を嵌める愚を改めなければ、疑いなく、先進国の座から転げ落ちる。

こうした「社会の老化」を跳ね返す手立てはないのだろうか。もちろん打つべき手がないわけではないが、「前例なき時代」を進んでいくにあたっては、これまでの価値観を捨てざるを得ない。それはかなりの荒療治を要するものになるだろう。

しかしながら、コロナ禍を経験し、多くの人が否応なしに激変を目の当たりにしたこのタイミングは、日本にとって人口減少対策に突き進むための、またとない「チャンス」ともいえる。

本書はそんな日本の好機を生かすために、これより5つの切り札を提言することとしたい。これら5つについては、空中楼閣のように思われるものがあるかもしれない。だが、これくらい革新的な方策を取らなければ、日本は滅亡への道を歩み続けることになる。

第1の切り札

国政選挙に「若者枠」を新設

若者全員が投票に行っても高齢者の票数に及ばない

「社会の老化」を防ぐ政策を実現するには、政策決定の場を若返らせるのが最も手っ取り早く、有効な策である。したがって、第1の切り札は、**衆議院・参議院両院の選挙（国政）に「選挙区枠」「比例代表枠」と並ぶ、「若者枠」を設けること**である。

2017年10月に実施された第48回衆議院議員総選挙の当選者の平均年齢は、54・7歳である。年代別に見てみると、最多は50代で33・1％だ。40代が26・9％、60代が24・5％と続く。30代は7・1％で70代以上の8・4％よりも低く、20代は1人もいない。

「シルバー民主主義」という言葉がある。有権者人口に占める高齢有権者の割合が増えたことで政治家が得票を期待し、若い世代の意見よりも高齢者の意見のほうが通りやすくなることを指す言葉だ。

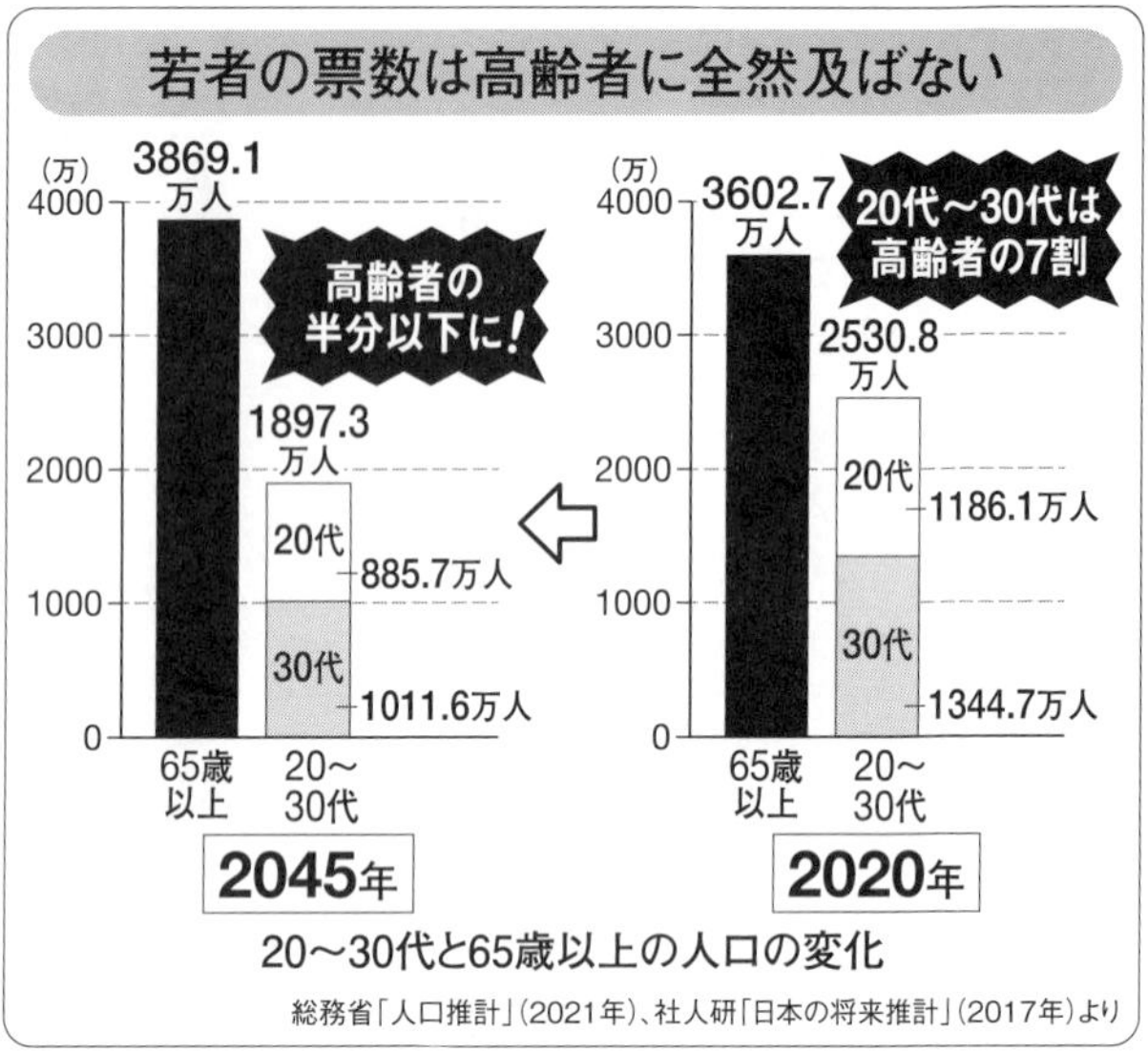

これに対して、「若い世代は投票率が低い。自分たちの意見を国政に反映させたいのなら、まずは投票に行くことが大事だ!」などといった、おとなたちの声が少なくない。

だが、ちょっと待っていただきたい。

２０２０年時点の日本人の20代は、１１８６万１０００人だ。対して、70代はその１・３７倍の１６２５万２０００人を数える。65歳以上の高齢者(３６０２万７０００人)と比較したならば、３分の１程度にしかならない。

30代の１３４４万７０００人を加えた**20代～30代の全員が投票に行ったとしても、人口規模が65歳以上人口の７割でしかないので、高齢者の票数にそ**

もそも及ばないのだ。**「シルバー民主主義」の是正という目的からすれば、「若者の投票率を向上させる」というのは、作戦として成り立っておらず、始める前から〝負けゲーム〟**なのである。若い世代がこの冷酷な事実にどれほど気づいているかは分からないが、これでは無力感が広がり、政治に対してしらけるのも当然であろう。

だからといって、「若者の投票率が低くても仕方ない」などと言うつもりはない。ただ、若い世代にいくら投票を呼びかけ、投票率が上昇したとしても、「シルバー民主主義」を是正することはできないという日本の現状に誰もが気づくべきなのである。

しかも、**有権者人口に占める高齢有権者の割合は年々増えていく**。社人研の推計では2015年の32・2%から、2045年には42・3%へと10ポイント以上も上昇する。実数で比較すると、もっと分かりやすい。2045年の65歳以上人口は3869万1000人だが、20代、30代は合計で1897万3000人にすぎない。ダブルスコアであり、その差はさらに広がる。この事態を放置すれば、「社会の老化」はますます深刻化する。

菅首相は71歳、フィンランドの首相は34歳で就任

こうした現状を打破し、若い世代の意見を政策に反映させるには、20代や30代の代表を必ず国政に送り出すことのできる仕組みを考える必要があるだろう。

「年齢枠」を設けずに20代、30代が立候補しても当選できる保証はない。だが、若い世代の「年齢枠」を設けたならば、若い世代も必ず当選できるようになる。そこで、20代だけが立候補できる「20代枠」や、30代だけが立候補できる「30代枠」の創設を、私は提言したい（参議院議員選挙は被選挙権が30歳以上なので、「30代枠」のみとなる）。

「年齢枠」を創設したからといって、20代や30代が従来の「選挙区枠」「比例代表枠」で立候補することを妨げるものではない。だが、「年齢枠」で出馬した候補者が他の枠から重複立候補することはできないようにする。

「20代枠」「30代枠」に対しては、すべての年代の有権者が投票すれば、一票の格差といった問題は生じない。例えば、高齢有権者も「20代ならばこの候補者に投票しよう」「30代ならばこの人に託そう」といった具合に投票するのだ。

若い世代が国会議員として国会の論戦に参加できるようになれば、若者の声が政策に反映されやすくなる。若い世代特有の「表面化しづらい問題」も即座に国会論戦に取り上げられるようになり、「シルバー民主主義」の是正も図られる。

ちなみに、**フィンランドのサンナ・マリン首相が就任した時の年齢は34歳**であり、政権発足時の閣僚の平均年齢は47歳と若い。また、ニュージーランドのジャシンダ・アーダーン首相は、37歳でその職に就いた。

これに対して日本の現状はというと、菅義偉首相の就任時の年齢は71歳であり、菅内閣発足時の閣僚の平均年齢は60・4歳、自民党4役の平均は71・5歳である。政権中枢にいる麻生太郎副総理・財務相と二階俊博自民党幹事長はともに80代である。いくら「政治家は能力さえあれば、年齢は不問」とはいえ、「老壮青」のバランスをあまりに欠いている。

若くして国政に籍を置く議員が増えれば、首相や閣僚、与党幹部といった重責を担う議員の年齢はもっと下がってくるだろう。

ドメイン投票法も検討すべし

他方、「年齢枠」の創設と並んで、次世代の権利と利害を保障するために**ドメイン投票法の導入**も検討すべきだ。

ドメイン投票法とは、まだ投票権を持たない子供の親に、子供の人数分の投票権を追加して与える仕組みである。例えば、18歳未満の子供が2人いる世帯なら、両親は自分の分を含めた4票を投じられるといった形だ。男の子のぶんを父親が、女の子のぶんを母親が投票するようにしてもよい。

2票を持つことになる親に対しては、1票は自分自身の考えを基に投票し、もう1票は子供の将来を考えて投票するよう求めるのである。

２０１５年に公職選挙法が改正されて投票年齢が18歳に引き下げられたが、そもそも若い世代は人数が少なく、２歳の引き下げくらいでは有権者人口の年齢シェアが大きく変わることはない。「若者の声を国政に届ける」という意味においては焼け石に水だ。

これに対して、ドメイン投票法なら、一気に「０歳」まで有権者を拡大するようなものである。子育て中の両親の多くは20代～40代なので、「シルバー民主主義」は実質的にかなり改善されるだろう。

ドメイン投票法については、ドイツなどで検討されたことがあるが、実現には至らなかった。子供のいない有権者との公平性など課題は多く改良すべき点もあるが、少子化スピードが速い日本でこそ、子育て中の人々の意見を汲み上げる仕組みが必要なのだ。

これくらいの抜本的な選挙制度改革をしなければ、高齢者向けの政策を優先しがちな現在の流れは止まらず、ますます若い世代の政治離れが進むこととなろう。それこそ「社会の老化」を助長することに他ならない。

第2の切り札

中学卒業時からの「飛び入学」導入

第2の切り札は、「飛び入学」制度の導入だ。といっても、単に早く進学できるようにしようといったことではない。第1の切り札と同様に、世代交代を促す起爆剤として期待するものである。

社長の年齢が上昇するにつれ、企業業績は悪化

日本社会は長く「長幼の序」が美徳とされてきた。それ自体を否定するつもりはないが、さまざまな組織や社会における倫理観として影響を与え続け、多くの企業においては「年功序列」となって、組織に長く所属する年上社員の発言力が強まる傾向を生んでいる。いくら優秀でも、「年齢が若い」というだけで企画や提案が採用されないといったケースは珍しくない。

少子高齢化に伴って企業組織の高年齢化が進むほど、組織の硬直化も進む。それは優秀

な若者にとっては〝息苦しさ〟でしかない。

組織の理論を受け入れて、企画や提案が採用されるようになるまで出世を待ち続けていたのではいたずらに歳を取ってしまう。こうした不安に苛《さいな》まれて、優秀な人材ほど若くともチャンスを得られる新天地に飛び出すこととなる。入社3年で辞めてしまう若者が後を絶たない理由の一端がここにある。硬直化した企業に早々に〝見切り〟をつけている人が相当数含まれているのだ。希望に満ち溢れて入社した若者がこうした理由で去るのは、実にもったいないことである。

企業内におけるこんな「社会の老化」は、経営陣にも当てはまる。同族企業でなければ、社長に上り詰めるには出世の順番待ちをせざるを得ず、念願かなってやっと就任できた時には60歳を超えているという事例は少なくない。取締役など経営幹部も同じことだ。

東京商工リサーチによれば、2019年末時点において全国の社長の平均年齢は前年より0・43歳伸びて62・16歳となった。調査を開始した2009年以降で最高齢だ。このうち70歳以上は30・37%で、初めて30%台を記録した。

問題なのは、**社長の年齢が上昇するにつれて、企業業績の悪化傾向がみられる**ことである。社長の年齢区分別の業績を比較すると、「増収」は30代以下が58・67%と最も高く、年齢が上がるにつれて割合は減少していく。60代は47・60%、70代以上は42・55%に

経営者が高齢の企業ほど売上高は減少

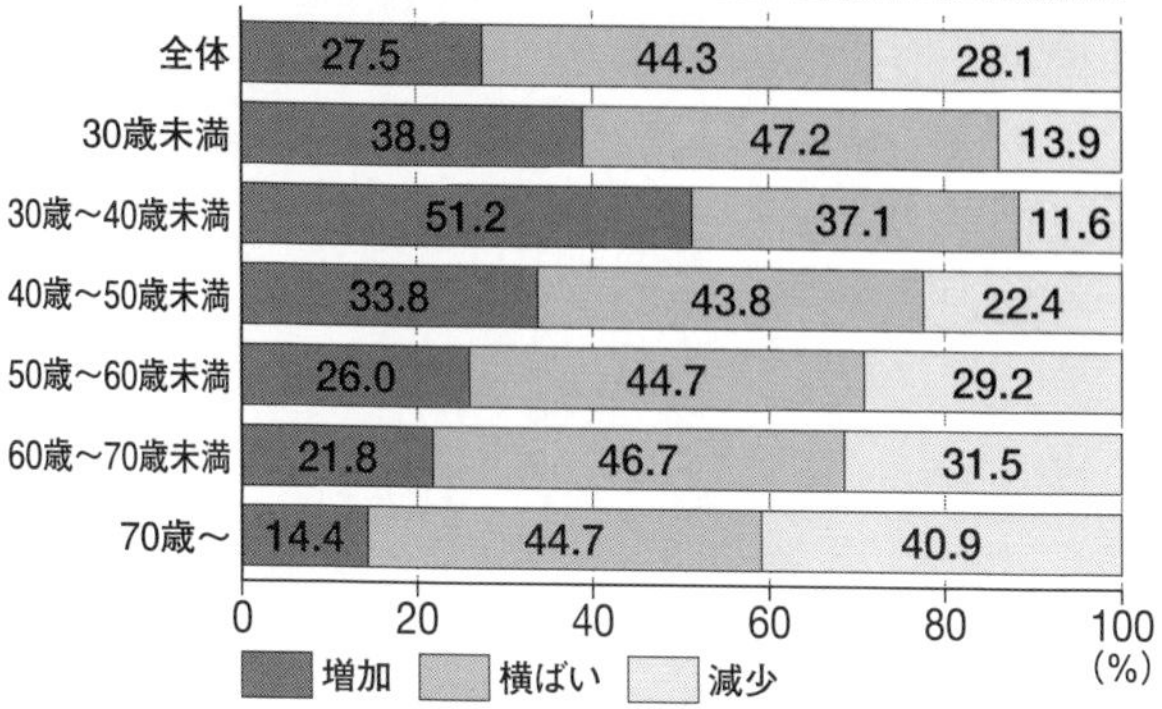

直近3年間の売上高の傾向（経営者の年代別）

中小企業庁の資料（2016年）より

とどまる。一方、70代以上は「赤字」が20・54％、「連続赤字」は10・53％で、いずれも全年齢で最も大きい数字だ。世代交代の重要性を示すデータである。

中小企業の場合、社長が高齢で事業承継の目途が立たないとなると、設備投資の停滞や社員採用を手控え、事業が縮小し、業績の低迷を招く傾向にあるのだ。

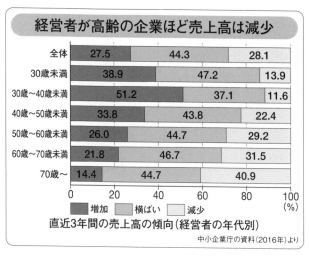

事業承継問題と無縁の企業であっても、高齢になるほど世の中の情勢を捉える力が弱り、判断力が鈍りがちとなる。組織決定に時間がかかり過ぎて、ビジネスチャンスそのものを逃すことにもなりかねない。

もちろんすべての高齢者がそうであるわけではない。先述した政治家と同様で、優秀な経営者であれば年齢など関係ない。しかしながら、今後は少子高齢化、人口減少という〝未知の領域〟のただ中で、経営判断を下し続けなければならなくなる。あまりにも社会の動きが速すぎて、**経験則が通用しない時代に突入していく。**

〝未知の領域〟に挑む気力、体力に乏しい人物がトップの座に居座り続け、過去の成功体験に固執した経営をするなら、残念ではあるが、会社組織全体にとって害悪でしかない。

早くから、将来の経営者となる次世代のリーダーを育成し、早め早めにバトンをリレーしていかなければ、日本企業は国際競争において勝ち残れないであろう。企業経営の若返りこそ、「社会の老化」を跳ね返す力強い手段となる。

世代交代の起こりやすい社会に変わるために

企業の若返りに関しては、経営者に限らず、部長や課長といったそれぞれのポジションにおいても同じことが言える。優秀な若い世代を抜擢し、早く第一線に登用することが、「老いた国」では何より重要なのだ。

すでに実力本位の人事を実施しているという企業も少なくないだろう。だが、「年功序列」の壁がまだまだ分厚いのも現実だ。こうした状況を打破するには、日本社会に「飛び入学」の文化を根付かせることが遠回りのように見えて近道なのである。

子供の頃から「飛び入学」による進学が当たり前となってくれば、各企業も新卒一括採用を変えざるを得なくなる。結果として、成果主義への抵抗感が薄れ、年功序列の組織文化も消えるだろう。能力がありさえすれば、年齢に関係なく表舞台に立てる社会環境をつくることとなる。

「飛び入学」制度の導入の大きな意図は、優秀な学生・生徒を引き上げることはもとより、**日本の組織文化の是正**にこそある。ここで世代交代が起こりやすい社会に変わらなければ、「社会の老化」を勢いづかせる。それだけでなく、子供が減る社会において横並び意識から脱却し、個々の能力を引き出し伸ばしていかなければ、それこそ日本が世界の中で取り残されるからである。

日本の「飛び入学」としては、特定分野で特に優れた資質を持つ人が対象で、高校に2年以上在籍した人が卒業前に大学に、あるいは大学を卒業していなくとも大学院に、それぞれ入学できる制度があるが、さらに踏み込んで本当に優秀な人材ならば、基礎学力を身に付けた中学卒業時に大学に入学できるよう道を開くことだ。

若くして大学で本格的に専門分野の勉強に没頭できるようになれば、20歳そこそこで研究機関に就職し本格的な研究業務に就く人や、政府や企業で活躍する人も出てくるかもしれない。ベンチャー企業やスタートアップ企業を立ち上げる若者も増えるに違いない。こうした人材の存在は、科学立国としての陰りが懸念される日本の現状を打破する起爆剤になるとともに、硬直化した企業組織に大きな刺激を与えることが期待できる。

コロナ禍においてジョブ型雇用を採用する企業が増え、年功型賃金を改める動きも出てきたが、飛び入学する人を一部の天才に限るのではなく増やしたならば、こうした動きは間違いなく加速する。新卒一括採用の見直しと合わせて、雇用の流動化にもつながっていくことだろう。

少子高齢化に伴い勤労世代が急減する日本にとっては、雇用の流動化による成長分野への優秀な人材のシフトは国の趨勢も決める。高齢化が進むほど、優秀な若い世代をどんどん登用していかなければ、社会から活力が失われていく。もはや日本は均質的な人材育成では「社会の老化」を止めることはできない。若者の個性を認め、世界の中でナンバーワン、オンリーワンの分野をたくさんつくっていくことに復活の道を見出していくことである。躍動する日本企業が再び増えたならば、「老化」を続ける日本社会の風景も、また変わる。

第3の切り札

「30代以下のみが住む都市」の建設

「ユースシティ構想」の最大の目的

私は『未来の地図帳』（講談社現代新書）において、各地に人口を集積させた「王国」を建設するよう提言したが、30代以下の若者たちの「王国」づくりもまた、日本を救う切り札となるかもしれない。第3の切り札は、**「30代以下のみが住む都市」**の建設だ。

人口規模は、5万〜10万人程度を想定している。こうした「**ユースシティ**（Youth city）」を全国に数ヵ所建設するのである。

総人口に占める若い世代の割合が年々少なくなっていくからこそ、若い世代は塊をつくることで存在感をアップする必要がある。若者を散り散りにしてはならない。

ユースシティ構想の最大の目的は、若い世代が「社会の老化」の波に呑み込まれないようにすることにある。いわば、超高齢社会における「出島」である。といっても、住民をここに缶詰めにしようということではない。ユースシティの外との往来は自由である。対象外の年齢の人が訪問するのも支障はない。住民の年齢に上限を設けるだけである。

ユースシティは、30代以下限定の都市なので、40歳の誕生日を迎えたら引っ越して出ていかなければならない。そこで、どこかの地方自治体をユースシティとして作り変えるのではなく、多くの民間企業の共同出資による運営会社を設立して建設し、運営管理もその運営会社が担う形とする。

民有地に建つ〝民間物件〟となるので、入居者に条件をつけても問題は生じない。40歳になったら退居を要請するので原則として賃貸とし、個別契約で年齢制限を設けることとする。企業が社宅のような形で補助することを想定している。

建設地は人里離れた広大な原野に一から建設することは想定していない。また、新たな自治体を作ろうということでもないので、既存の地方自治体の上に、民間の運営によるユースシティが覆いかぶさるように広がる様子を想像してもらいたい。場合によっては、複数の自治体にまたがることもあるだろう。

多摩ニュータウンなどをイメージすれば分かりやすいかもしれない。さまざまな行政サービスは、所在する地方自治体に任せる。既存のニュータウンと異なるのは、住民の年齢に制限があり、将来にわたって「オールドタウン」にはならないことだ。

立地としては、大阪市や名古屋市、福岡市といった政令指定都市の一角でもよい。そうした大都市の近郊で中心市街地にアクセスがよいところも選択肢になりうる。候補地を勝手に想定するならば、東京圏は相模原市や町田市、つくば市あたりだろうか。大阪圏は京田辺市や三田市あたり、名古屋圏ならば一宮市や長久手市といったところが思い浮かぶ。もちろんこれら以外にも魅力的なエリアはいくつもある。

「コネクティッド・シティ」の要素を加味する

ユースシティで生み出されるさまざまなアイデアやイノベーションの芽、文化、ブームといったものが停滞する日本の起爆剤や起死回生策となるだろう。

中高年の入居を認めないので、新型コロナウイルスのような感染症が再び蔓延することになったとしても、ユースシティ内にいる限りは、行動の制限をそれほど受けることにはならないだろう。感染症に対する〝シェルター〟の役割を果たすことにもなる。

感染症は今後も幾度となく日本を襲うことが予想される。そのたびに若い世代の行動に制限がかかったのでは、日本社会の衰退は早まるばかりだ。

ポイントは、単に集まり住むだけでなく、住民同士のコミュニケーションが進むよう交流の場を仕掛け、機会を設けることである。

すでに個々の企業レベルでは、異業種が集まって多くの大企業の若手・中堅有志社員が業種の垣根を越えて草の根の活動として交流する「ONE JAPAN」のような組織も登場している。いくつかの企業が共同で社宅を運営して人脈の拡大を図る事例も見られるが、これを「都市」として大規模に行おうということだ。

時おり集まるのでなく、アクティブな年齢層が生活をともにすることになれば、日本社会に与えるインパクトは桁違いに大きくなる。若い世代が寄り集まるので、独身者にとっては生涯の伴侶が見つかることになるかもしれない。

出資する企業のメリットも大きい。若手社員が異分野の若手と交流する場として活用できるだけでなく、若い世代の消費動向やニーズに関するデータを収集することが可能となる。トヨタ自動車が、静岡県裾野市にあらゆるモノやサービスがつながる実証都市**「コネクティッド・シティ」**（Woven City）の建設を進めているが、各社の新商品や新製品を使ったハイテクな実験都市としての要素が加味されたならば、イノベーションは進みやすくなり、新たなカルチャーの発信基地となる。新たな成長産業も生まれよう。

若い世代が集まっているので、ユースシティに進出する店舗は多いだろう。子供の数も他エリアと比べれば多くなるので、子供向けのサービスや商品を扱う企業も多くなるだろう。医療機関も産科や小児科が進出しよう。アンテナショップの出店も想定される。

中高年の「しがらみ」に縛られないために

ユースシティに暮らす人は、原則、ユースシティ内で仕事をする。テレワークで本社などとつながって仕事をするのでもよい。出資する企業が30代以下だけのサテライトオフィスを設ける形でもよい。一方、リアル店舗や子供が通う学校の教員などは、できる限り30代以下が望ましいが、難しい業種もあるので年齢制限は設けないこととする。

人口減少社会においてユースシティが求められるのは、一般的に大勢で競い合ったほうが才能は磨かれやすいからだ。少子化の影響で年々若い世代が減っていくと、それがままならなくなるからだ。どの業種や企業も優秀な若者を確保しようと囲い込みに走るため、さらに若い世代は分散することになる。これではあらゆる分野で層が薄くなってしまう。

ただでさえ他国に比べて若い世代の比率が低いのに、**中高年の「理屈」を押し付けられ、「しがらみ」に縛り付けられたのでは、せっかくの〝若さ〟が台無しとなる。**

若い世代らしいアイデアは、若者同士で自由闊達に意見交換をしたり、率直な考えをぶつけ合ったりすることの中でこそ生まれる。さまざまな分野の若い世代が仕事だけでなく、趣味やプライベートで人間関係を築くこととなれば、彼らが中高年になって以降の大きな人脈、財産ともなるだろう。

第4の切り札

大学を共同キャンパス化する

20年後の大学生は今より3割少なくなる

第4の切り札は、ユースシティのコンパクト版ともいうべきアイデアだ。**大学の共同キャンパス化**である。大学が密集する東京・御茶ノ水のような「学生街」を、全国各地に創出しようというのである。

若さ溢れる学生たちが社会に与える影響には大きなものがある。しかしながら、総務省の人口推計（2019年10月1日現在）によれば、0歳人口は89万4000人で、20歳（125万5000人）の71・2％だ。大雑把に見積もって、**20年後の大学生は現在より3割少ない**水準にまで落ち込むということである。

ハイスピードで少なくなっていく学生たちがバラバラに分かれて学んでいたのでは、〝学生らしい若さ〟が世の中を動かす力は、人数の減少以上に弱くなっていく。

こうした状況を阻止するには、地域ごとに大学が共同キャンパスを作り、学生たちが恒常的に集まれる機会を提供することだ。それは枯れゆく日本におけるパワースポットとなり、「社会の老化」が進む中での、瑞々《みずみず》しいオアシスという場所となろう。

政府は、都市の無計画な膨張を回避するため1950年代から1960年代に工業等制限法を制定し、首都圏と近畿圏の大学や工場の新増設に一定の制限をかけてきた。

これを受けて対象となった地区以外でも大学の郊外移転の流れが強まった。人里離れた緑地の中に、巨大なキャンパスを構える大学が増えたのである。同じ都道府県内にあってもそれぞれの大学は遠く離れてしまい、郊外であるがゆえに交通機関も不十分で他校との交流は簡単でなくなった。

今後は地域人口の減少でますます交通機関が不便になることが予想される。このような環境下で学生数まで減っていったのでは、学生のマインドも盛り上がらなくなるだろう。

2002年の同法廃止を受けて、一部では大学の都市部への回帰の動きもみられるが、各大学が地域の中で一体感をもって連携するという動きは乏しく、大学の影響力を十二分に引き出せないでいる地方が少なくない。「社会の老化」を解消し得る武器を活かし切れていないということだ。

東京や京都など多くの大学が市街地に集まっているところもあるが、それでも先述した通り少子化で学生の絶対数が減っていくことを考えれば、早くから手を打っておいたほうがよいだろう。

そもそも、多くの学生を郊外に追いやり、中心市街地と分断してしまった当時の政府の決定は、その時代の要請であったとはいえ、結果として日本が衰退する遠因となった。「田舎の学問より京の昼寝」という諺《ことわざ》もある。好奇心に溢れ、実社会からさまざまなことを吸収する20歳前後の人たちは、さまざまな世代の人が集まる場所にいてこそ、学べることが多い。伸びやかな発想や多彩な感性も、「違い」を知り、学ぶところからはぐくまれる。

多感な年齢の学生たちを区切られたキャンパス内に押し込めるようにして実社会から分断したら、内輪思考の人が増えることとなる。学生たちがもっと個々の持つ可能性を磨き合い、街の中に出やすくしていかなければ「社会の老化」に拍車がかかる。

大都市では超高層キャンパスにする手も

共同キャンパスは、同じエリア内の大学によって構成する。学生は、入学した大学にかかわらず共同キャンパスに通学するのだ。共同キャンパスの敷地面積にもよるが、例えば1~2年生が共同キャンパス、3~4年生はそれぞれの大学の既存キャンパスに通学するといった形もあり得るだろう。

共同キャンパスでの授業はそれぞれの大学ごとに行うものもあれば、共通授業として行うものがあってもよい。各大学のクラブやサークルの拠点を共同キャンパス内に置けば、1〜2年生と3〜4年生の交流も図れる。他大学との交流戦や文化コンクールなどの連携も実現しやすくなる。

コロナ禍でオンライン授業が急速に普及したが、遠方の大学に進学した人もこのキャンパスを拠点として授業が受けられるようにすればよい。名古屋市出身で東北の大学に合格した人が、自宅から名古屋市内の共同キャンパスに通って自分の属する東北の大学の授業を受け、サークル活動は名古屋の共同キャンパスにある他大学に所属して行うという使い方だ（遠距離の大学同士のインカレである）。仮に共同キャンパスの利用料を負担したとしても、下宿費用を負担しなくて済むことを考えれば割安であろう。

このように、共同キャンパスを自由な発想で活用したならば、学生たちは入学した大学にとらわれることなく友人ができる。大学を超えた教員の共同研究拠点ともなる。大学経営を考えても、受験生の人気が高まり募集がしやすくなるだろう。学食や書店なども各大学が共同で施設運営や事務システムの一元化を図ればコスト削減ともなるし、大学間の連携や提携もしやすくなる。

共同キャンパスの立地については、政令指定都市や県庁所在地に建設することを想定している。中心市街地の賑わいづくりにも大きく貢献し得るので、各自治体の再開発事業と連携して、なるべく交通の要衝である繁華街周辺に建設することだ。

キャンパスといっても、必ずしも広大な土地を必要とするわけではない。超高層ビルに入居する方式でも十分である。具体的に説明するなら、東京の新宿駅から徒歩5分の距離に、地上28階、地下6階建てという**超高層キャンパス**を持つ、工学院大学のようなスタイルである。

中心市街地に共同キャンパスができれば、地域の企業や店舗にとってはアルバイトを確保しやすくなるし、学生にとってもアルバイトと授業の両立がしやすくなるメリットがある。美術館など文化施設にもアクセスしやすくなる。オフィス街とも近いので、企業との交流が図れれば、スタートアップ企業をつくる学生が出てくるかもしれない。

学生は新しい消費スタイルの火付け役なので、20歳前後の人が絶えず集まる一大拠点の誕生は企業にとってもビッグチャンスとなるだろう。学生たちの消費を当て込んで、学生向けの商品を扱う店舗が周辺に続々と誕生すれば、地域経済の活性化策ともなろう。

学生は〝日本の未来〟である。彼らと一体となって街づくりを考えていくことが、老いゆく人口減少日本には極めて重要である。

第5の切り札

若い人々に英才教育をする

タフさを体得するために、国費留学を

人口減少日本にとって、若い人々は宝である。その才能を育てていくことがこれから最も必要なことだ。本書が最後に伝えたい第5の切り札は、**英才教育の必要性**である。教育は「国家百年の計」であるが、資源小国である日本は優秀な人材を輩出し続けられるかどうかが国運を左右すると言ってよい。

イノベーションにしても、新しい文化の創造にしても、一朝一夕に生み出されるものではない。無駄と思えるような研究に打ち込み、あるいは世界の激しい競争環境に身を置く中で、数知れぬトライアル・アンド・エラーを繰り返しながら摑み取るものだ。よほどの粘り腰で取り掛かる必要がある。

しかしながら〝無難さ〟が大手を振って歩く社会環境の中で学んでいたのでは、知識は

身に付いても、新たな発想力や突破力、リーダーとしての資質を身に付けることは難しい。すでに日本は、国際特許の出願や、将来の科学技術を裏付ける論文数で、米中などに大きく遅れをとっている。

それどころか、若い世代が大きく減る今後の日本社会では、新入社員までが〝即戦力〟として絶えず結果を求められるようになる。そうなったのでは余裕がなくなり、当座の成績を上げるべく前例踏襲に飛びつかざるを得ないだろう。

時代や組織に新風を吹き込むどころか、新入社員でありながら中高年と同じ発想となってしまい、とても新しいものを生み出すことなどできない。それこそ、「社会の老化」を加速させることとなる。

こうした状況の打開には突破力を要する。さらに、そうした人材を輩出するためにリーダーとなり得る若者たちを英才教育でもって育成し続けることである。第2の切り札として提言した「飛び入学」制度と連動させていくのもよい。

英才教育には2つある。1つは**国費留学**だ。人口減少社会を切り拓いていくエリート人材を育てるために、国を挙げてバックアップしていくことである。

「社会の老化」を跳ね返す人材を育成するには、優秀な成績の人が世界の一流人材が集まる環境に身を置いてタフさを体得することが不可欠である。

社会の激変への対応力であるタフさこそ、人口減少社会において最も必要とされる能力だ。固定観念にとらわれぬ発想力、価値観の異なる人々の理解を得るための説得力、前提がどんどん変わっても臨機応変にこなしていく忍耐力や柔軟さを欠いたのでは、「社会の老化」を跳ね返すことはできない。

こうした「しなやかさ」と言うべき能力は学校で学べるものではなく、実生活の中のさまざまな体験を積み重ねることによって身に付けていかざるを得ない。こうした観点からも、学生や社会人2～3年目といった年代の人々が海外の大学で学び、あるいは国際舞台で活躍する機会を得ることには大きな意義がある。

「結果の平等」よりも「チャンスの平等」を

英才教育のもう1つは、**「国家として必要な分野」の人材の育成**である。勤労世代が激減していく今後の日本は、各分野で人材が少なくなっていく。

「社会の老化」は人々の関心を遠い将来よりも目先の課題に向けさせるため、現時点での人材不足分野の手当てを求める声が強くなるだろう。しかしながら、場当たり的に人手不足の分野の手当てをしていたのでは、社会全体としての辻褄が合わなくなる。

分かりやすいのが、医学分野だ。政府は、高齢化に伴う患者増で医師が不足するという予測に基づいて医学部の定員増に踏み切った。だが、医師だけを増やしても問題が解決するわけではない。需要が伸びれば、看護師をはじめさまざまなスタッフも不足するからだ。新型コロナウイルスの感染拡大によって医療崩壊が現実のものとなり、医師や看護師はもとより、検査技師や保健師の不足が指摘されると、さらに人の手当てをすべきだという世論が強まった。

だからといって医学関係学部の増員を図り、優秀な人材をどんどん送り込んでいったら、今度は他の分野の専門家が不足してしまう。例えば、現在の日本には最先端のデジタル人材が圧倒的に不足している。社会基盤をつくるこうした分野の層が薄くなれば、日本の根幹を揺るがす。それどころかサイバー攻撃は激しさを増しており、安全保障上の危機を抱え込むことにもなりかねない。

とはいえ職業選択の自由が保障された日本で、強制的に特定の職種を増やすことはできない。そこで政府が「国家として必要」と判断した分野に限り人数を限定して、学費のみならず下宿費用などの学ぶために必要な経費のすべてを、国費で負担するのである。

日本の将来の発展に大きく関わる分野を背負って立つ優秀な人材を見出し、育成していくことは社会全体の利益となる。成長を見込めない分野にこだわる企業が少なくない中、成長分野への人材シフトの流れをつくることは、「社会の老化」を遅らせることにもなる。

一学年当たりの学生・生徒数が多かった時代は、大勢で競い合う中から才能のある人材が自然と出てきたが、若い世代の絶対数が減った以上、それは期待できない。意欲と能力を兼ね備えた若者に、専門知識を深く学ぶ機会を意識的に用意するしかないのである。

国費を使った英才教育には批判もあるだろう。戦後の日本では一貫して「結果の平等」が重んじられてきただけに、「不公平だ」という声も予想される。こうした批判を回避するには、等しく誰にもチャンスが与えられるようにすることである。

まずは政府が、募集する分野の人材がどうして国家として必要なのかを明快に説明した上で、公募として採用試験を課す。さらに、国費で英才教育を受けた人には、身に付けた知識や技能、人脈を日本社会に還元するよう義務付ける。例えば、一定期間は国家公務員などとして国家の仕事に就くことを条件として課すなどである。

「社会の老化」がもたらす停滞やチャレンジマインドの冷え込みを考えれば、これからの時代は**「結果の平等」ではなく、誰もが努力すれば機会を得られる「チャンスの平等」を尊重する社会に変えていくこと**が不可欠となる。

若くして職人技を学ぶ人も不可欠

英才教育については、すでにスポーツ分野において、強化指定選手を選考するなど一歩踏み出しているが、スポーツに限らず、芸術や研究分野においても求められるだろう。英才教育は明治時代には盛んに行われていた。西洋の技術を取り入れるべく、優秀な若者を国費留学させ、あるいは外国から招いた専門家に学ばせた。

こうして専門知識を身に付けた若い世代がそれぞれの分野のリーダーとなって後進の育成に努め、近代国家としての礎を築いていった。「社会の老化」という国家の病巣が露呈した中にあって、再び我が国の礎を築き直さなければならない。国家戦略として、少なくなる有意な人材の才能を伸ばす政策を講じなければ、あらゆる分野で衰退を招くだろう。

一方、「国家として必要な分野」の人材の育成をするには、大学など教育機関側の役割も大きく変えざるを得ない。多くの大学は組織維持のために受験生が関心を持つような学部名に変えたり、短期大学を四年制大学に改組したりといったことを繰り返してきた。

だが、「社会の老化」を跳ね返すには、優秀な学生を育成し得る大学に集中的に予算を投じるべきだ。一人一人にかける教育のレベルと質を高め、より高度な能力を持つ人材として育てることが求められる。

他方、英才教育でリーダーとしての役割を担う人材や「国家として必要な分野」の人材だけを育成していたのでは世の中は回らなくなる。日常生活を支える技術者や職人が不足したら、社会は機能しなくなるからだ。

あらゆる分野で人手不足が広がっていくことを考えれば、**若くして職人技を学ぶ人たちも不可欠**である。そこで同時に、身に付けた技能が社会的ステータスとして正しく評価される認定制度を国としてつくり、相応の収入を得られるような仕組みを整える。

ここまで、日本の好機を生かすための5つの切り札を提言してきた。すべてに共通するのは、**若い世代は「国の宝」であり、その輝きが少しでも増すように後押ししなければならない**ということである。そして、「国の宝」がその数を減らしていく以上、なるべくバラバラにしないようにすることだ。

若い世代は人数が少なくなってきたといっても、寄り集まりさえすればまだまだそれなりの規模となり、パワーを発揮し得る。膨大なエネルギーと可能性を秘めた若い世代が伸び伸びと活躍できる場をつくり、そこで無数の才能が融合したとすれば、「社会の老化」を押し返すばかりか、日本の苦境を希望に転じることだって必ずできるのだ。

若い皆さん！　何度でも立ち向かおう

「高齢者の命を守るため、若い人の不要不急の外出は極力控えてください」――コロナ禍において、政治家やテレビキャスターなどがこんな呼びかけを繰り返しました。

あたかも正論のように聞こえますが、これほど若い世代を馬鹿にしたフレーズはありませんでした。これでは「若い人の青春は犠牲になっても仕方ない」と言っているのと同じです。多くの若者が反発したのも当然でしょう。

コロナ禍にあって、さまざまな若者向けの行事やイベントが中止に追い込まれました。大半の人はしっかりと感染予防をしていたにもかかわらず、一律に〝悪者扱い〟して過度な自粛や自制を求めたのは明らかに行き過ぎです。

高齢者に比べれば、残りの人生は長いとはいえ、「若いとき」はあっという間に過ぎ去ります。その年代でなければできないことは山のようにあります。自粛をしているうちに若さを失ってしまいます。皆さんが焦る気持ちを持つのは自然のことです。

もちろん、「高齢者の健康など二の次でよい」と言いたいわけではありません。「高齢者の命」と「若い人の活動」を相対するものとしたことが、おかしいと言っているのです。両立は十分可能でした。検査機器の性能は格段に向上し、短時間で結果が判明するようになりました。区切られたエリアなら、入り口で検査さえ徹底すれば「安全な空間」は作れます。感染していない人の行動まで制限する必要などないのです。

コロナ禍は、日本が〝高齢者ファーストの国〟であることを際立たせました。若い世代に「もう、こんな国に住んでいたくない」といった不満や諦めの気持ちが広がったことに強い危機感を覚えます。コロナ禍で婚姻件数や妊娠届け出数が減少したことと決して無関係ではないでしょう。

次代を背負う若い世代の行動にブレーキをかける国に未来はありません。

私は、若者を縛る発想は「社会の老化」が原因と考えます。まさに「国家の病巣」です。その一掃には、皆さんのバイタリティを必要とします。「生きづらい未来」は若い皆さんも歓迎しないでしょう。この国が、いまほど若い力を必要とするときはありません。

なすべきは、無難さを求める「大人の理屈」に巻き込まれることなく、それぞれの夢や目標に向かってチャレンジを続けることです。自分を信じて失敗を恐れず何度でも立ち向かうことです。そんな当たり前のことが今の日本には難しくなっているのです。

「社会の老化」が露呈したこのタイミングを逃してはなりません。老いてしまった日本に、もうチャンスはあまり残っていないのです。

おわりに

コロナ禍によって日本はどう変わったのだろうか。そうした問題意識から、本書の執筆は始まった。1年以上が経過した現在、改めて振り返ってみると、浮き彫りになったのは少子高齢化と人口減少という我が国最大の国難をコロナ禍が加速させた事実であった。

その深刻さは、長い年月をかけて日本社会を破壊していく点にある。コロナ禍で起きた〝一過性の変化〟に目を奪われ、対策を怠ったならば取り返しがつかなくなるだろう。

その中でも、最も本質的な危機として本書が位置づけたのが「社会の老化」であった。「国家の病巣」であり、その恐ろしさは繰り返し述べてきた通りだ。少子高齢社会というのは、人々の心の内側から壊れていくのである。

「社会の老化」を跳ね返す主役たる若い世代は、少子化の影響で急速にその数を減らし続けてきた。加えて、コロナ禍が出生数を押し下げていく。ますます時間が足りなくなってきている。日本に立ち止まっている余裕はもはやない。

私を含めた中高年にもできることはある。1つは、**自分の価値観や過去の成功体験を、若い世代に頭ごなしに押し付けようとしない**ことだ。若い世代の邪魔をせず、信じて見守ろう。

もう1つは、**自分自身が「社会の老化」という病魔に取りつかれていないかを絶えず意識し、チャレンジマインドを保つ**ことである。「若さ」は実年齢だけを指すわけではない。若い世代と手を携え、サポートしよう。それだけ日本が甦るスピードは速まる。

本書は『未来の年表』シリーズの第4弾の位置づけとなる。きっかけは、同シリーズを当初から手掛け、いまや私の相棒というべき講談社現代新書の米沢勇基副部長からの依頼であった。「『未来の年表』がコロナ禍によってどう書き換えられたかを、書けませんか？」との要望だ。

想定以上の時間を消費した私を、粘り強く支えてくださったのが米沢さんであった。米沢さんの存在なくしてこの本を世に送り出すことはできなかっただろう。

膨大なデータの分析作業は講談社現代ビジネスの石川真知子さんにお手伝い願った。石川さんとは『未来の地図帳』以来のお付き合いだが、今回も手早い作業に助けられた。そして総合プロデューサーともいうべき青木肇編集長の的確なアドバイスに気づかされたことも多かった。お三方には改めて深謝申し上げたい。

『未来の年表』シリーズは、カレンダー、カタログ、俯瞰地図と、新書にいつも新しい風を吹き込んできた。今回も米沢さんの「本書は『社会の老化』の是正を訴えているのだから、われわれもその罠に陥らないよう、誰も見たことのない目次立てにしましょう」との一言に動かされた。

そんな米沢さんのアイデアを取り入れて、学校で使用する「学習ドリル」のスタイルに挑むことにしたのである。頭を柔らかくしながら答えを考えていく過程で、読者の皆さんの理解がより進むようにと願ったからだ。

最後に、私を支え続けてくれる妻、子供たち、母、癒やしをくれるペットの猫に感謝を込めて本書を捧げる。

講談社現代新書　2621

未来《みらい》のドリル　コロナが見《み》せた日本《にほん》の弱点《じゃくてん》

二〇二一年六月二〇日第一刷発行

著　者　河合雅司《かわいまさし》

発行者　鈴木章一
発行所　株式会社講談社
東京都文京区音羽二丁目一二—二一　郵便番号一一二—八〇〇一
電　話　〇三—五三九五—三五二一　編集（現代新書）
〇三—五三九五—四四一五　販売
〇三—五三九五—三六一五　業務
装幀者　中島英樹
印刷所　凸版印刷株式会社　図表制作　株式会社アトリエ・プラン
製本所　株式会社国宝社
定価はカバーに表示してあります　Printed in Japan

N.D.C. 334.3　238p　18cm
ISBN978-4-06-523876-9

「講談社現代新書」の刊行にあたって

教養は万人が身をもって養い創造すべきものであって、一部の専門家の占有物として、ただ一方的に人々の手もとに配布され伝達されうるものではありません。

しかし、不幸にしてわが国の現状では、教養の重要な養いとなるべき書物は、ほとんど講壇からの天下りや単なる解説に終始し、知識技術を真剣に希求する青少年・学生・一般民衆の根本的な疑問や興味は、けっして十分に答えられ、解きほぐされ、手引きされることがありません。万人の内奥から発した真正の教養への芽ばえが、こうして放置され、むなしく滅びさる運命にゆだねられているのです。

このことは、中・高校だけで教育をおわる人々の成長をはばんでいるだけでなく、大学に進んだり、インテリと目されたりする人々の精神力の健康さえもむしばみ、わが国の文化の実質をまことに脆弱なものにしています。単なる博識以上の根強い思索力・判断力、および確かな技術にささえられた教養を必要とする日本の将来にとって、これは真剣に憂慮されなければならない事態であるといわなければなりません。

わたしたちの「講談社現代新書」は、この事態の克服を意図して計画されたものです。これによってわたしたちは、講壇からの天下りでもなく、単なる解説書でもない、もっぱら万人の魂に生ずる初発的かつ根本的な問題をとらえ、掘り起こし、手引きし、しかも最新の知識への展望を万人に確立させる書物を、新しく世の中に送り出したいと念願しています。

わたしたちは、創業以来民衆を対象とする啓蒙の仕事に専心してきた講談社にとって、これこそもっともふさわしい課題であり、伝統ある出版社としての義務でもあると考えているのです。

一九六四年四月　野間省一